本と読者をつなぐ心

能勢仁

はしがき

出版社のアスキーに在籍していた1990年代は、世界中はブックフェア花盛りでした。中でもフランクフルトBFは世界最大のお祭りでした。7000社の出版社が出展し、ベテラン編集者の同窓会とも言われ、版権売買が実る催事でした。世界中で本の販売が上げ潮だったからです。筆者はフランクフルトBFをはじめ、イタリア・ボローニャの児童書フェア、アメリカで行われたアメリカンBFには毎年出掛けて行きました。アジアも負けてはいませんでした。中国、台湾、韓国、香港、シンガポールなどでもBFがありました。このBFにはアスキーは出版社として出展し、多くの注文と情報をもらいました。筆者は責任者として、社員と共に一週間ぶっ通しの勤務でした。最終日には展示本は総て地元に寄贈しました。

アスキー退社後も、この世界行脚は続きました。出版先進国は勿論、各国の出版事情、特に書店の現場を訪ね、写真を撮り、話を聞きました。コロナ禍まで、30年間に58ケ国、700書店を訪問しました。このことは三冊の本（著書については後述）に纏め発表しました。

今回、本書を刊行するに当たって、その一部をお目にかけようと思いました。地域一番店、大型店もありますが、個性店、街中の書店も多く入れてあります。

海外の書店と日本の書店では違った面が多くあります。このことについては、第六章〝海外の書店のなぞなぞ〟をご覧ください。

遅くなりましたが、本書刊行の意を申し述べます。遊友出版の齋藤一郎社長が以前に『出版営業百ものがたり』を上梓していることを思い出しました。それなら販売最前線の書店の本を刊行すれば、両極に触れられると思いました。幸い筆者は『商人の機微』（中央経済社刊）で書店環境に触れていますので、増補すればよいと考えました。そこで齋藤社長に小生の本の出版をお願いしたところ、快諾して頂きました。出版社営業、編集、書店、取次人、図書館は勿論のこと、一般読者にも読んでいただけるチャンスになると確信しました。これが本書刊行の弁です。

令和六年六月

能勢　仁

目次

第一章

世界の書店

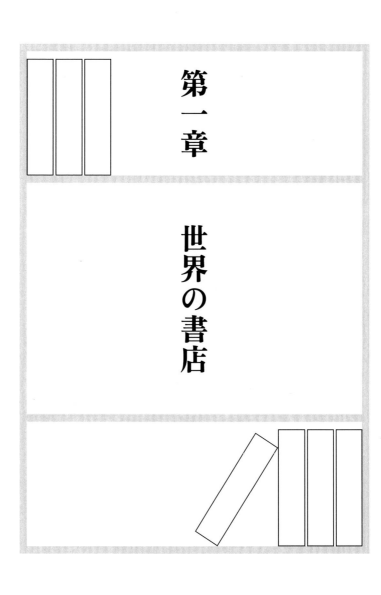

1

イギリス・ロンドン
フォイルズ書店

ロンドンの老舗、大型店といえばフォイルズ書店である。蔵書500万冊は世界一である。イギリスの書店業界は巨大書店チェーンのウォーターストーンズ（300店）とW.H.Smith（490店）がある。創業1903年のフォイルズ書店は2011年まで、単店、巨艦主義を貫きロンドンっ子の人気を集めていた。今六店舗を持つ。フォイルズ本店・チャリングクロス店は凄いの一語に尽きる。

地下一階、地上五階、1440坪の売場面積も立派である。筆者が一番驚いたのはスコア（楽譜）の圧倒的な量である。40坪くらいの売場全部が楽譜で埋まっていた。動物関連書の多いこともイギリスらしい。動物愛護団体の支援があるからである。店の側面のウィンドウに30社の出版社の新刊広告があったことも驚きであった。鹿島守之助が訪英した時、フォイルズ書店を見て、こんな本屋を日本にも作りたいと思って出来た書店が八重洲ブックセンターである。

2

エストニア・タリン
ラフヴァーラ・マトウ書店

エストニアの経済状況はバルト三国中では一番良い。フィンランドから高速船で1時間半という好立地であり、世界遺産に登録された首都タリン（39万人）歴史地区を背景に観光産業が盛んであるからだろう。

ラフヴァーラ・マトウ書店はバルヌ通りにある。創業は1884年で、市内で一番古い。教科書の発行、発売もしている老舗有名書店である。売場は一階、中二階（回廊売場）、地下売場、地下教科書売場に分かれていた。老舗であるが、売場は明るく、130年経過したとは思えない。特に一階は綺麗である。品揃えは先史学、エストニア史、美術、哲学、心理、法律、記録文学、ノンフィクションである。この他レアブックコーナーがあり、古書籍がウィンドウに入れられ、鍵がかかっていた。中二階はスポーツ、音楽、演劇、カルチャーである。地階はこどもの本、参考書、初等教育、中等教育テキスト、言語トレーニング、辞書売場であった。地階教科書売場は定価別に教科書が陳列されていた。5クローン（50円）の教科書が一番安い。15、25、39クローンの教科書が多い。75～99クローン（750円～990円）が高い教科書である。この書店は商工会議所、観光協会が推薦している。固定客が多く、市民に支持されている書店であることがわかる。店長さんは東京に行ったことがあるという。英語が堪能な好青年であった。

3

ギリシャ・アテネ
エレフセロダキス・ニコス店

筆者に世界の三大書店と問われれば、①アテネ　エレフセロダキス店　②台北　誠品書店新義店　③ロンドン　フォイルズ書店　と答えるであろう。三店に共通するものは、風格規模、専門性、信念、歴史、商品、陳列、レファレンス、社員、レイアウト、照明、設備、店内ガイド等である。

今回取り上げた書店は、エレフセロダキスのチェーン店であるニコス店である。アテネ市内の書店地図は分かり易い。神保町に本通りとすずらん通りが平行してあるが、これに似てアテネでは本店のある大学通り、二本目の大学裏通り、三本目は出版社直営書店通りである。ニコス店は本店と同じ並びにあり、２００ｍ南行した至近距離にある。

店頭の総ガラスに大きく書店名があるのは存在感の表れである。一、二階の広々とした書店で、一階店頭のレジは親しみやすさを感じさせる。本店とは違う個性があり、写真集、画集、地図、文芸、人文に力点のある店であった。売場中央の書架、什器がどれも低い仕様なので、より一層広々と感じ、ゆったり感のある、気持ち良い売場であった。

4

クロアチア・ザグレブ
アルゴリタン書店

チトー大統領が35年に亘ってチェコスロバキアを指導していた国である。バルカン半島の英雄であり、そのカリスマ性は凄い。彼の死後10年間内戦が続き、その結果今は6つの国に分かれ、その一つがクロアチアである。イタリアのふくらはぎの反対に位置するのが、クロアチアでアドリア海に面した美しい景観を持つ国である。首都ザグレブは110万人の都市で書店も多い。

一番店はアルゴリタン書店である。書店名はアルゴリタンであるが、建物に書かれているのは「BOOK　SHOP　ZNANJE」であった。「知識という書店」である。店舗の総ガラス張りビルで、一見書店には見えない。

創業は1990年で店舗数は15店あり、今回は旗艦店を訪問した。売場は一階と地階で420坪と広い。一階はノンフィクション、地元作家の本、恋愛小説、SF、ファンタジー、スリラーが中心であった。一階奥はコミックゾーンであった。

面白いことにCOMICの標識の他に「MANGA」の表示が目立った。この書店の圧巻は地下売場の専門書である。医学、薬学、理工学、芸術、人文、社会等の本が放射状に陳列されていた。地域一番の風格を感じさせられた。

5

クロアチア・リエカ
ティサーク店

リエカはアドリア海に面した最北部の港のある都市である。川崎市と姉妹都市である。クロアチア最大の貿易港である。そのために港湾関係、海事図書は市内と書店の必備書であった。市内のエディット書店、リエカ書店、マリ・ネボーダー書店は書籍だけの店であったが、このティサークはメディア店で、書籍、雑誌、新聞、ＣＤ等が陳列され幅広い品揃えであった。

メディアグッズ以外は化粧品、文房具、飲み物、アイスクリーム、チョコレート、キャンディー、スナック菓子等が並んでいた。遠征中の海員にはホットする商店なのであろう。街のＣＶＳといってよい多数のチェーン店をもつ書店であった。港にあった書店である。雑誌は約３００種という大量陳列で、かつての日本のＣＶＳ全盛を彷彿とさせた。こどもの本、おもちゃ、ゲームもあるからお母さんをターゲットにしていることがわかる。絵ハガキ、絵皿、キーホルダー、携帯傘など観光客目当ての土産ものも多い。

店の中心商品はベストセラー、ペーパーバックスで、平積販売が日本に似ていた。レジには男女二名の従業員がいた。クリンネスの行き届いた、明るい店であった。

6

ジャマイカ・モンテゴベイ
サングスター書店

ジャマイカは中南米カリブ海に浮かぶ、キューバ、ドミニカに次ぐ国である。秋田県位で、人口は273万人（2020年）である。モンテゴベイ（13万人）は首都キングストンに次ぐ街で、国全体はウサイン・ボルトで知られる陸上王国である。

サングスター書店は街の中心地の交差点角にある好立地である。市内に三店舗をもつチェーン店である。扱っている商品は本、雑誌、文具、学校教材、事務用品である。書店としてはテキストブック、辞書、参考書の多いことに驚いた。店の半分は学習書であった。次に多いのがこどもの本であった。値段の高いことにも驚いた。筆者の買ったA3判、80ページのうすい大型絵本が、1200円であった。隣がスーパーマーケットなので、母親の来店が多いという。教育熱心な女性は書店に寄ってくれますと、店長が言っていた。英語は殆ど通じない国であるが、店長は勉強したと言っていた。

陳列も面白かった。文具屋さんの陳列に似ている。書棚にノートを並べる様に書籍を積みあげていた。この店の面白さは閑散時の女子従業員の仕草である。繁忙時とは裏腹に、潮が引くと、女性4名がカウンターに集まって楽しそうにおしゃべりを始める。若い男性店長は棚整理をしている。いつもこうだと店長が言っていた。

7

スウェーデン・ストックホルム アカデミー書店

書店の創業は１９９２年、国内に66店舗をもつ。アカデミー書店は医学、理工学、人文・社会科学、芸術、文学、文芸等を主力にした３００坪（一階・地下）の総合書店である。スウェーデンには入学試験や宿題がなく、年間の45％が休暇なので、学習に夢中になる日本とは全く風土が違う。従って学参コーナーはない。児童書も無かった。近所にスウェーデンハウスという立派な児童書専門店があった。

アカデミー書店の周辺には専門性の強い書店が多くあった。雑誌はインタープレス雑誌・新聞専門店があり、40坪の広い売り場である。国際雑誌販売店で、米英独仏露伊西は勿論スイス、ノルウェー、フィンランドの雑誌が並んでいる。勿論自国の雑誌は５００誌以上が陳列されていた。自動車誌、建築、デザイン誌も多かった。日本の雑誌は全くなかった。僅かに「日本経済新聞」があった。こうした情報環境を見るとノーベル賞の国だと思う。

この書店でおやっと思ったことがあった。入口と出口が違う点である。レジで精算を済ませると、その前に包装台があり、セルフサービスである。一人当たりの買い上げ冊数の多いことにも驚いた。この店はインテリが多くあつまり、目的買いの読者が多い。

スウェーデンは非再販国である。平台に陳列された本の表紙にプライスカードが貼られてあり、定価に×印がされ、販売価格が大きく表示されていた。

8

スロベニア・リューブリャーナ ムラディンスカ書店

スロベニアはイタリアの北東部、ルーマニアの南部に位置する小さな国である。国の人口は200万人、面積は四国と同等である。しかしスキー王国で、オリンピック、世界選手権などでは必ず名前を出す国である。特にこれといった輸出物はないが、ヨーロッパ特有の文化度を持ち合わせた国である。首都はリュブリャーナである。

市内にはフェリックス書店（照会済）とムラディンスカ書店がある。この書店の母体はデパート経営である。市の中心部に4層の大店舗があった。訪問した日が丁度デパートの休業日に当たっていたので、書籍売り場を見ることは出来なかった。

しかし市中に路面店のムラディンスカがあったので訪店した。こじんまりした店舗である。ウィンドウには BOOK SHOP と GIFT SHOP の案内があった。ウィンドウに展示されていた書籍は児童書である。中間色の表紙なので、どの本にも優しさが感じられた。

店頭には絵ハガキ塔があり、観光客歓迎がすぐにわかった。店内は整然としたギフトショップであった。マグカップ、オルゴール、カバン、メダル、置物、小皿、手帳、小物入れ、しおりなど、気安く手が出そうなギフト商品ばかりであった。こども向けの商品は10ユーロ以下と安く設定されていた。贈答用の本、絵本も並んでいた。観光客用のガイドブックも陳列されていた。

9

ドイツ・フランクフルト書籍業学校

ドイツのマイスター制度は書店にもある。つまりドイツでは書店を経営するためには国家試験に合格しなければならない。そのために作られた学校がドイツ書籍業学校である。

この学校はフランクフルト郊外（中心地より20㎞）にある。一学年40名、修業年限二年、全員寄宿舎生活で、男女比は３：７で女性が多い。

創立は１８５１年で、ライプツィヒで誕生した。１９６１年フランクフルトに移転した。すでに１６０年以上の歴史のある学校である。学校は二階建ての建物が五棟連絡している。教室、セミナー室、コンピュータ学習室等九種類の専門室がある。特徴的なことは模擬書店（20坪）があること。30万冊の本が登録されている。図書館も充実している。３万５０００冊の蔵書はすべて出版社の寄付によるもので、80％は出版関連書である。20％は小説。

カリキュラムはドイツ文献学、書店経営論、会計管理、製造原価論、海外出版権、マーケティング、メディア論等70科目がある。教職員は常勤講師11名、非常勤40名。非常勤講師は他大学の先生、出版社の役員、実務家、各業界の実力者で構成されている。

日本にも、この学校に範をとったＮＰＯ法人本の学校がある。場所は鳥取県米子市である。

10

ドイツ・ハンブルク
ハイマン書店・ベルゲドルフ店

ハイマン書店の創業は１９２８年で、現在14店舗ある。バスセンター前の好立地に店はある。１００坪で、タイトル数３万タイトル、営業時間（月～金）９～19時、（土）９～18時、売れるジャンルは①小説　②経済・法律書　③児童書。一日の平均客数は３００人、月商１０００万円の書店である。仕入れ状況は取次15％、出版社直85％。共同仕入れなので粗利は35％以上である。万引きは万国共通だと笑っていた。

ドイツではアルバイトという労働力は存在しない。パートという呼称もない。アルバイトはクリスマス時の超繁忙期にだけ頼む短期（1～２日）、最小1～２人である。ベルゲドルフ店はすべて社員（８人・フルタイム２人）である。従って社員研修もやり易く、本部研修と店内勉強会の二通りがある。講師は社内人が主、時々外部講師を頼む。この研修でハイマン魂が培われ、その精神が地域社会に還元される。店の中央にレファレンスコーナーがあり、担当者一名が常時お客様の質問、要望、相談に応えている。このコーナーにはコーヒーサービス機能があり、読者は自由に飲むことができる。この店には不良在庫は全くない。本は返品期間内に本部に全部返品する。チェーン店と本部の連携のよさに脱帽である。店の事情を聴けば聴くほど、小売書店の理想型だなと思う。羨ましく感じられた。

11

ドイツ・ハンブルク
ソーターラックマン

この書店はエルベ川沿いにある名門ホテル・シュタイゲンベルガーの真ん前にある。静かな所でこれで商売になるかと、思ったがそれは思い過ごしであった。この周辺にはこうした専門店が散在していた。

この書店は建築、デザイン、写真、グラフィック、映画、画集（マチス、ムンクが多い）イラスト、庭園に特化した中型書店である。雑誌は前記に関連した専門雑誌が50誌あった。

間口は三間であるが、奥行きが25間と深い。この店は建築書、デザイン書が作家別、著者別に陳列されていた。何人かの読者がメモをとっていた。まるで図書館にいる様であった。

店頭の四ブロックのウィンドウには新刊の画集、写真集、建築書、デザイン書が効果的に陳列されていた。お客様を店内に引き込む魅力的なウィンドウである。この店の顔である。

文庫や新書と違って、大型の書物には迫力がある。店頭に新刊カタログ、新聞、パンフレット、（すべて無料）が置かれている。結構利用されていた。レジは店頭にあり（女性）、中央にレファレンスコーナーがあり（男性）、それぞれ担当していた。

12

ドイツ・ハンブルク
ニューエンドルフ・ノルド書店

この書店は郊外団地にある書店である。店長（社長）のホフ・マイスター女史がオーナーである。27年前に自分の資力と、少し父親から援助を受け開店したという。

商圏人口5万人に目をつけ、好きな道・書店業を始めたので、彼女は天職だと思い、生き生きしている。40坪前後の店で、木の床、木製什器と木質系なので、温かみ、優しさを感じる。地域社会に貢献することを意識しているので、地元密着の催し物が多い。著者サイン会、音楽コンサート、講演会を実施している。オーナー自らが大学に出張し、読書普及運動も展開している。店にはオーナーともう一人男性（30代）がいる。彼は愛書家の同志である。

著者のサイン会では250人集め、その時の収入は全部難民団体に寄付している。こどもの本の著者サイン会の時は、収入はこどものためのイベントの支出に全部充当している。

こうした一連の催事はオーナーが考えた、お客様維持のためで、利益よりも読者を大切にしている姿勢が伺える。凄い‼　偉い‼

仕入は出版社直が80％、取次からは20％である。返品は7％で出版社に返す。毎年春・秋に発行される新刊注文リストで発注し、この時に返品了解の承諾はとってある。実際には売り尽くし主義、背伸びしない発注、読者の見える書店なので返品は出ない。

13

ドイツ・フランクフルト
ヒューゲンドゥーベル

フランクフルト・ブックフェアは世界一のフェアである。１００ケ国以上が参加し、７千社以上が出展、30万人以上が来場している。本の展示もさることながら、版権売買の商談がメインといってよい。フェア終了後、日本人の殆どが寄る書店がこの店である。

フランクフルトの一番店である。筆者は１９９０年代からこの店を訪問している。店内環境は殆ど変わっていない。変わったといえばワイン売場が店内に出来た位である。

この店は元映画館を改装したもので、地下一階、地上三階の堂々たる総合専門店である。店内中央にエスカレーターが走っている。その部分が吹き抜けなので、地階から三階の天井が見え、しかも天井がガラスなので、自然採光がよく、デラックス感に満ちた書店である。

１２００坪の売場面積、在庫は15万タイトルと広さの割には少ない。これで読者の期待に応えられるのは、店頭在庫が需要度の高い書籍に特化されているからである。ドイツの合理主義が商品戦略にも表れている。注文は前日午後六時までにすれば翌日開店時には間に合う。これはドイツの書籍流通が完成しているからである。

14

ドイツ・マインツ
ドム書店

フランクフルト・ブックフェアを訪れた出版人の多くは、宿泊地を隣町のウィスバーデンにとる人が多い。温泉地だからである。その中の一部の人はマインツの印刷博物館を訪れる。博物館の筋向いにドム書店がある。角店を囲む九つのウィンドウは見事な展示である。

当店の店主はアイディアマンで、ウィンドウ毎に本の分類をしている。歴史、経済、心理、宗教、法律、人文・社会科学、芸術に力点がある。新刊、文芸、文学も扱うがメインではない。こどもの本、女性実用書は陳列されていない。ドイツらしい専門店である。

店主のアイディアを店内の各所で見ることができる。その一つはスライド式の書架の採用である。三層式の書架にお目にかかれた。来店する読者も慣れたもので、他人に気遣いながら、上手に棚を移動させていた。もう一つのアイディアは、棚の前に用意された本の受皿である。10㎝半径の皿であるが、本の選別の時に役立ち、便利である。書店の親切心が伝わってきた。博物館から流れてくるお客様のためか、ドイツ各都市地図、ヨーロッパ各国の地図が豊富に用意されていた。

15

ドイツ・マインツ
グーテンベルク
印刷博物館

印刷博物館の所在地は、フランクフルト中央駅から鉄道で40分のマインツ市で、ここはグーテンベルクの生まれた故郷として有名である。博物館は１９００年に創設された。マインツ大聖堂の東側にあるのですぐにわかる。

開館日は火〜土の９時〜17時、日曜日は11時〜17時で、休日は月曜日と祭日。入館料は５ユーロ、展示品の説明はドイツ語、英語、フランス語、スペイン語である。

一階には木造の印刷機が年代順に並べられている。手動印刷機、縮図機、レリーフ印刷用万能印刷機、レプリカの当時の印刷機等が陳列されている。圧巻は印刷実演である。15世紀当時の印刷機を使って、参観者の誰かを主役に実演してみせてくれる。立ち会った人には印刷された実物がご褒美として貰える。鮮明な印刷面に参観者が皆、驚きの声を上げた。

二階の注目は「グーテンベルク42行聖書」の展示である。これは世界で最初に印刷されたラテン語による聖書である。Ａ３判で、厚さは10㎝位ある。革製で当時の製本技術の高さがわかる。博物館の売店で「42行聖書」のコピーが販売されている。高かった記憶がある。

博物館の筋向いにドム書店がある。この店にはグーテンベルクの伝記書が多く並んでいた。

16

ルクセンブルク
アリネア書店

ルクセンブルクは小国である。東西６０km、南北80kmの国であるから、車で二時間もすれば通過してしまう国である。市内一番店はエルンスター書店であるが、アリネア書店は二番店かな？　このアリネア書店は憲法広場の一本裏通りにある。静かな通りである。建物には１７９４と刻まれており、２００年以上を経た建物であることがわかる。文学、文芸、人文、芸術、旅行書に力の入った書店である。この国の使用言語はルクセンブルク語とフランス語であるが、圧倒的に後者の本が多かった。しかし英米文学やドイツ文学にも力点があり、同様に美術書も充実していた。ウィンドウの立体陳列は圧巻である。

裏通りにあるので、駐車には不便しない。場所柄か、こどもの本は無かった。創業年を聞くことを忘れたが、固定客の多そうな書店であった。

17

ハンガリー・センテンドレ フォーシズ書店

ブダペストから北方へ列車で一時間ほどの距離にセンテンドレという小さな美しい街がある。手芸の盛んな街である。テーブルクロス、ハンカチ、ブラウス、壁掛けなど刺繍の街を感じさせる。書店ではリブリが一番店であるが、フォーシズ書店は二番店といったところです。この店で驚いたことは、陳列は、床に埋められた本である。床ウィンドウと言えばよいのであろうか。オーナーに尋ねたら、月に一度陳列替えするそうである。この店はレジの後ろにも書架がある。オーナー曰く、うちの店は固定客が中心なので、地域は家族のようなものですよと言っていた。床陳列といい、レジ後ろ陳列といい、書店ののどかさを感じた。地図の多い陳列は観光客が立ち寄るからである。

センテンドレの絵葉書、観光客向けのビデオは売れ行きがよいという。しかし品揃えの中心は文学、人文、美術、芸術書であった。塵ひとつない清潔な書店であった。

18

ブルガリア・ソフィア
シェラ・ヴィトシャ書店

ブルガリアは人口691万人（2020年）、面積は日本の三分の一である。首都のソフィアには社会主義時代の建物や銅像は一掃されていた。しかし文字だけはロシア文字で、それを通訳のデニッツア氏に言ってみたところ、叱られてしまった。あの文字はブルガリア人のキリル兄弟が作った文字なのだそうです。彼らはブルガリアの偉人で、国会図書館の前には銅像があった。

ソフィア市内には書店が多く、大きなチェーン店が三つあったが、文字がすぐに読めず苦労した。シェラチェーン店58店舗、オレンジチェーン店7店舗、ヘリコンチェーン店16店舗であった。ソフィアを代表する通りがヴィトシャ通りである。終日歩行者優先の通りで、約1km続き、道路がオレンジ色に塗られているので、別名オレンジ通りとも呼ばれている。レストラン、カフェ、土産店、衣料品店、洒落た雑貨店等が連なり、楽しい通りであった。その中心にあるのがシェラ・ヴィトシャ書店である。地下一階、一階、二階の三層で、全体で150坪である。場所柄、客層はオールラウンドで、店内は明るい店であった。

地階：子どもの本・絵本・年齢・学齢別、参考書・問題集（充実している）。おもちゃ、ゲーム、知育玩具等。家族連れで混雑していた。

一階：新刊、文学（国・言語・ジャンルで分類され、レベルの高い品揃え）

二階：医学、人文、社会科学、社会科学、工学、芸術、語学……専門性の高い総合書店。コミックはない。

19

ブルガリア・ソフィア ヘリコン書店

１９９２年の創業である。この周辺にはテレビ局、ラジオスタジオ、劇場などが多い。静かな環境に恵まれた場所で、多くの人が訪れる。

とにかくお洒落な店である。床、壁、天井、什器、階段等、来店客がこの書店の雰囲気に酔ってしまう。一、二階の書店で売場に重厚感がある。什器もそれに応える如く、木製でどっしりしている。金属製だったらこの落ち着いた雰囲気は出せないだろう。

一階は大人向けの売場である。文学書は棚と面と差し陳列のコントラストで演出満点である。ヘリコン書店の陳列バラエティーには驚くばかりである。二階はこどもフロアである。当店専売のジグソーが平台と柱面を飾っている。窓側は書棚にしないで、ソファのあるレストスペースになっている。店周辺の文化施設にマッチした書店であった。

20

ブルガリア・ブラゴエフグラッド
本の友達書店

ブラゴエフグラッドはソフィアから南へ１１００㎞の地点にある。近所にリラの僧院がある。

店名が変わっているので、質問したところ、本好きの人の為になりたくて店を作ったという。文学書に力が入っている。幻想小説、空想小説、ロマンス、戦争文学、感動小説、評論、批評、児童文学等、本の分類がしっかりしていた。その他、歴史、法律、世界の本、ガイドブック、料理書、こどもの本等、幅広く選書されていた。

近くにあるアメリカン大学を意識して、教科書もあった。20坪前後のこじんまりした書店であるが充実した店であった。中年女性が一人で対応していた。

21

ポーランド・ワルシャワ
デ・ダラス書店

ワルシャワ大学正面入口にある書店である。大学には生協書籍部はない。この店は20坪位の小さな店だが、品揃えは総合書店である。写真集、美術、映画と演劇、文学、哲学、社会学、経済、法律、伝記、日記、詩、ポーランド文学、ミッション文学、ワルシャワの本雑誌、心理学、料理、コミック、推理小説、ＳＦ、こどもの本、その他にバーゲンセールの本が置かれていた。

本の陳列が立体的なので、本探しが楽しい。差し陳列と面展示陳列の妙、柱回りの陳列のうまさ、棚陳列の高さの変化など、本の陳列博物館にいるようである。

筆者が感動したのは「HISTORIA JAPONI」が平台陳列されていたことである。店主に尋ねたら、天皇に興味があるという返事であった。ワルシャワ大学は街の中（東大と同じ）にあるので、お母さんの利用も多いという。こどもの本もレジ前にあった。店主によると注文は先生方７割、学生３割だという。

22

ポーランド・ワルシャワ

ボレスワ・プルース書店

ワルシャワ大学の正面にある書店である。直訳すると「科学の書店」ということになる由。店は一階と地階の店で、一階奥には喫茶室がある。二階にも喫茶室がある。誰でも利用できるが、学生のゼミ、コンパ、グループの集いが多いという。

一　階：外交、ポーランド史、近代ポーランド史、世界史、人類史、音楽、美術、ワルシャワのアルバム、哲学、伝記、追想、戦争の思い出・手紙、世界社会学、世界政治

地　階：法律、税法、刑法、ＥＵの法律、ガイドブック、外国語、教育学、心理学、理科系の本、ヨーロッパ学、ペーパーバックスの小説は１５０円、３００円、４５０円、６００円に分類されていた。文具もある。

踊り場：バーゲンセールの陳列場である。ペーパーバックスが主で、ハードカバーは無い

この店は人間の温かみが伝わってくる店であった。一階レジ担当の女性、接客してくれた女性、喫茶店にいた女性社員、皆親切で親日的であった。店長の男性が小生にこの店の歴史の本をプレゼントしてくれた。社員は一階5名、喫茶1名、地階1名である。店の前にあったベンチに座ったらショパンの曲が流れてきた。ショパンの国だと思った。

23

ポルトガル・リスボン

カルモ古書店街

神保町の古書街は世界的に有名である。ロンドンのチャリングクロス通り、ニュージーランド南島・クライストチャーチの古書店街、台北重慶南路の書店街がある。リスボンのカルモ古書店街も同じである。リスボン最大のカルモ教会の近くにある。その坂道に古書店街がびっしりと軒を連ねている。どの店も床から天井まで本で埋められている。店頭にある本は一冊百円（？）この売り方は日本と全く同じである。古書店であるが、ウィンドウの陳列に工夫を凝らしている。店の個性、蒐書傾向を表現している。売場10坪から20坪の書店街である。愛想のよさそうな店主がいたので、東京から来たことを話した。そしたら少し待っていろ、何人か呼んでくるからという。7人か8人がきた。坂の途中に案内された。

東京の出版事情を話せということであった。小生の拙い英語を店主が通訳してくれた。委託のこと、返本のこと、取次のこと、勿論神保町のことも話した。小一時間位話したであろうか。楽しい一時であった。

24

フィンランド・ヘルシンキ
スオマライネン書店・カンピSC店

ヘルシンキの書店一番店はスオマライネン書店である。４００坪（本３２０坪、文具80坪）の総合書店である。ここで紹介するカンピSC店は市内有数のSCの中にあり、間口15間、奥行20間のワンフロアの大型書店である。

買物客、観光客の来店が多いので、その客層を意識した商品構成である。レジは店の中心部にあり、４人で対応していた。平台は固定的な什器ではなく、キャスター付きの移動自由である。この什器をこの店は多く使っていた。催事、売り出しが多い表れである。店頭ではTOP商品が強調されていた。この店の主力商品は文芸書、料理書、こどもの本、絵本、ムーミン本、写真集、画集や芸術書である。店の左端にカフェがあり、ここだけは7時から開いている。カンピSｃは通路の役目もある。天井が高く、通路も広いので、滞店時間を忘れてしまうほど、居心地の良い店であった。本店との本の取り寄せについての説明はレジ後ろのボードに書かれていた。

25

リトアニア・ビリニュス
バガ書店
ゲディミノ店

長いことソ連の支配下にあったバルト三国の中で、独立の口火を切ったのはリトアニアである。１９９1年ソ連の戦車による「血の日曜日」の惨事で八十数名の死傷者を出した。

街を代表する書店にはペガサス書店グループとバガ書店グループがある。

市内にＶＡＧＡ書店は本店とゲディミノ店がある。質量ともゲディミノ店が勝っていた。本店は街外れにあり、本部的な役割である。ゲディミノ店は80坪位の売場面積で、書棚は九段と高い。整然とした陳列、書店員の感じの良いサービス、商品分類の妙、店の品格など、質の高さを感じた。店内の静寂な中にも店の主張が見える。

ロシア語の本が少ないことはその表れであろう。「血の日曜日」の叫びを今も忘れない雰囲気を感じた。棚標識の少ないことはバガ書店の経営方針かもしれない。書店員の接客に任せている風であった。工業都市を意識してか、コンピュータ書・理工・自然科学の本が、文藝・人文と同等に陳列されていた。安楽椅子コーナーでは店のゆったり感が演出されていた。

26

リトアニア・ヴィリニュス
ヴィリニュス大学・パピルス書店

ヴィリニュスに行ったらまず寄ってみたいと思っていた所は、１５７９年創立の歴史あるヴィリニュス大学である。中庭が12もあるから、構内の広さは想像できよう。大学内部にあるアカデミー書店も凄い。骨董品のような書店に圧倒された。朝顔のような円形の天井も珍しいが、そこに描かれた絵画が歴史を物語っている。こんな書店は世界でもここだけであろう。柱に刻まれている学者、歴代学長等の肖像画も年代を感じる。店は長方形で30坪、若いお嬢さんが二人、レジを受け持っている。システムは近代的なＰＯＳが導入されている。

入り口にはセンサーも装備されている。並んでいる本は古々しい年代書籍が半分、今様書籍が半分である。その他に絵葉書、ヴィリニュスガイドブック、栞、Ｔシャツ、小物雑貨類も陳列されていた。大学目当ての観光客が結構立ち寄るとのことであった。中庭から書店の看板、ショウウィンドウが目視できるのでアプローチし易いのであろう。中世の図書館にいる雰囲気に酔ってしまった。天皇皇后両陛下（現上皇様）が首都ヴィリニュスを訪問された時、大学にもお立ち寄りになったとレジのお嬢さんが言っていた。

27

ルーマニア・ブカレスト
カルトゥレシティ書店

ルーマニアは人口1976万人（2016年）で、面積は日本の60%である。独裁者チャウシェスクが失墜してから約40年近くが経過し、社会主義体制は薄れている。旧市街の大学周辺には書店街がある。カルトゥレシティ書店は、地元のサイトでは、〝世界一美しい本屋〟と紹介されている。白を基調にした明るい優雅な書店である。間口6間、奥行30間の大型書店である、一階から四階まで店の中央部分は吹き抜けであり、天井からの自然採光が素晴らしく良い。地階もある。

一階売場の左翼は趣味の文具、実用生活用品売場である。右翼は洒落たチャイナ売場である。陶器、急須、土瓶、茶器、皿などである。通訳のベルザール・ニナタさんに、この東洋感覚を担当者に聞いてもらった。日本趣味の社員がいて、お客様にも好評だという。

ホビーの書棚には茶道・盆栽・華道・武道の本が面展示されていた。

二階は本だけの売場である。左翼は心理、宗教、哲学、社会、政治、経営学などの専門書、右翼は伝記・文学に特化して充実していた。三階は写真集、ホビー、芸術、辞書、こどもの本。四階は催地場、レストスペース、事務室。地階はコミック、フィギュア、CD、料理であった。

28

ルーマニア・ブカレスト
フマニタス書店

この書店は「地球の歩き方」にも紹介されている。親会社はフマニタス社で、１９９３年創立、チェーン店は16店舗ある。この書店は旧共産党本部近くで、街の中心地である。

この店は入口から普通の書店とは違う雰囲気を感じた。情報発信力が店頭に溢れていた。

フマニタスはヒューマンを意味することからもわかるように、人間性の大切さを訴える書店であった。50坪前後の売場で、商品構成が凄い。一階中心部に人権関係書が陳列されその左が文学書、右が社会科学、写真集、絵葉書、地元紹介コーナーである。店内に喫茶部八席と少ないが、いつでも何にでもつかえる自由コーナーである。

二階の左翼はＣＤ、ＤＶＤで、右翼は自己開発関連書、辞書、児童書売場である。何といってもこの書店の売りは人権書である。

29

ルーマニア・ブカレスト
パピルス書店

この店には三つの特色があった。

一つ目は営業時間が違うことである。曜日毎に時間が違う。店の人にその理由を尋ねたら、長年の習慣ですよ、社長の功利主義ですと笑っていた。

二つ目は従業員の多いことである。レジは本と文具・玩具に分かれていた。本のレジにはレファレンスコーナーも設置されていた。質問、注文が多いためである。繁盛店の証であって、読者を大切にしている姿勢が見えた。

三つ目の特色はギフトの需要の多いことである。ギフトのために多くの種類の包装用紙が用意され、お客様に好評だという。おもちゃは高級品ではなく、生活玩具、知育玩具が主である。入学時には弁当箱、カバンが特に売れるという。生活感のある書店であった。

バス停前とスーパーマーケット近くの立地で、50坪のやる気十分の元気書店であった。

30

インド・デリ
ジェインブック
エージェンシー

デリの中心地にSCとして有名なコンノートプレイスがある。このSCは一階と地階の環状商店街であり、集客数も多い。一周するのに40～50分はかかる。ジェインブックエージェンシーはこのSCの路面店で、一・二階で約100坪の店である。1935年創業で5店舗ある老舗チェーン店である。ビジネス書、法律関係資料、政府刊行物を扱っている。隣にジェインブック・デポという書店があり、こちらは1987年創業の単店である。店名の通り小売りもするが、インド全域に本を送ることが本業である。

デリには地方から多くの人が本を求めてやってくる。お上りさんである。その要望に応える如くこのSCには書店が何軒もある。バリソンズ書店、ヤングマン書店、ブックワールド、マノホリアル書店、ラジュブックハウス、メディアマート書店などがある。

しかし専門書がよく揃っているのはこのジェインブックエージェンシーが一番である。コンピュータ書は地域一番である。貿易、金融、財政、語学、辞書、土木、電気、鉄道書、地図、ガイドブックが充実していた。子どもの本のゾーンはあったが、実用書はなかった。

31

インド・ムンバイ
イグザミナー
ブックショップ

ムンバイは昔ボンベイと呼ばれていた。インド第二の都市である。デリーと違って地下鉄がない。岩盤が悪いからだという。地元バスが主要交通機関であるが、不慣れなので、ついタクシーを頼ってしまう。しかしヒンズー語が生活語なので、行き先を説明するのが大変だった。イグザミナーブックショップは証券取引所の近くだったので、探すのは楽であった。

この店の特色は棚の本の陳列である。棚を利用した面陳列で、非常に訴求力があった。一階は雑誌、ペーパーバックス、新刊、宗教書、二階は家庭医学、ダイエット、メンタルヘルス、薬・歯など健康管理に関する本ばかりである。一般書店の実用書コーナーとは景色が違っていた。こどもの本もなし。男性の多い店かもしれない。レジ脇にあるサービスカウンターの仕様から、会員制に近い書店なのかもしれない。

32

インドネシア・ジャカルタ グヌン・アヌン書店

インドネシアは85％の人がイスラム信者であり、戒律の厳しさを滞在中ひしひしと感じた。ラマダン時の生活環境は想像以上に厳しかった。小生の呑気さが申し訳なかった。

グヌン・アヌン書店の店名の由来は、インドネシア・バリ島最高峰の山の名前からとったものである。日本でいうと富士山に相当する。店内の本はイスラム書ばかりだったので、理解できなかった。中でもガラスケースの中に収められていた超大型コーラン（高さ1m、幅60㎝、厚さ50㎝）には驚かされた。その周辺の売場はコーラン専用の書見台が数種類並べられていたが、撮影不可であった。女性客は皆ベールを深々と被り、眼しか出していなかった。

この会社の親会社はホームセンターである。売場は独立店舗の二階で、半分は家具、住宅用品、半分は本売場で、全体で１６０坪位であった。

33

オーストラリア・メルボルン
セカンドハンドブックス

オーストラリアには二大都市がある。シドニー（530万人・2019年）とメルボルン（508万人・同）である。1901年オーストラリアが誕生するが、首都誘致で争い、その中間地点のキャンベラ（42万人・同）に1908年に決まった。小生の独断であるが、シドニーはスポーツの都市として、メルボルンは経済、文化、スポーツの都市として、シドニーもメルボルン同様である。前者にはコミックがあるが、後者にはコミックはない。イギリスの書店にはコミックは皆無である。ことほど左様に前者にはマクドナルドが全盛であるが、後者は消極的である。店によってはマックが食べられず、コーヒーのみの店もある。

店名からわかる通り、この店は古書店である。これもイギリス文化の表れかもしれない。古書街はメルボルンにあるが、シドニーにはない。出版文化に対する気持ちがよく現れている。メルボルンにはイギリス系の人が多い。このセカンドハンドブックスの店頭のガラスケースを埋めるフルカバー陳列は新刊書店以上の迫力がある。棚陳列も迫力十分である。

8段～10段の書棚に、どうぞ探してくださいと言わんばかりの万巻の書である。この店は市交通の心臓部フリンダース・ストリート駅前の好立地にある。

34

オーストラリア・メルボルン
スポーツブックス

オーストラリアはスポーツ大国である。オリンピックでは必ず30以上のメダルを獲得する国である。そのことを反映してか、スポーツ書専門店があった。社長自身も万能選手で、各種スポーツの委員をやっているので忙しそうである。自身の店も夕方4時には閉店して各会合に顔を出しているという毎日である。

店中央に階段があり一階は12坪、二階は回廊式売場で5坪くらいか。雑誌は一切ない。一階はフットボール他5種の競技を、二階は各種競技の専門書がずらり並んでいる。

この店の本はすべて英書である。日本語の本はないかと尋ねたら、ないと言われた。中華街に行ったらあるかもしれないと、付け加えてくれた。社長はこの店は趣味でやっていると謙遜していた。

35

カンボジア・プノンペン

和平書局・大使館通り店

　カンボジアの首都プノンペンには和平書局と国際書力の二大チェーン店がある。和平書局は大使館通り店、モニポン通りがある。いずれも一・二階の大型店である。

　一階は文具コーナーである。二階は本売り場で、面陳列のオンパレードである。絵本、こどもの本、学習参考書、小中学生用の問題集、料理を中心とした生活実用書が多い。専門書はあまりない。この傾向はアジア全体の風潮である。品揃えから見て、来店者に子どもや女性の多いことがわかる。各階２００坪以上の超大型書店である。内戦の反省として、平和の大事さを願う書店の姿を感じた。

36

北朝鮮・ピョンヤン 国営書店

ピョンヤンは人口258万人(2021年)で国の15%の人が住む。ここに住む人はエリートばかりで飢餓に悩む人はいない。北朝鮮に書店はあるのだろうか。答えは無しである。それらしきものとしては、国営書店（朝鮮労働党刊行物販売店）がある。

ピョンヤンには市内に17区がある。各区にひとつ本の施設がある。並んでいるのは労働党発行の政府刊行物のみである。

筆者は中区の施設を見た。何の変哲もないビルの一角に、国営書店を表示した看板があった。入口は90cmの狭いものであった。中に入ってみると20坪の図書室があった。外から見たのでは全く書店であることはわからない。薄暗い室内で、中年の女性が一人店番をしていた。店の三分の一は金日成の本、三分の一はピョンヤン市地図、ガイドブック、残りの三分の一は金日成肖像画、祭壇、お花である。書店というより労働党の布教施設である。

子どもの本、実用書、小説、参考書、辞書などは皆無である。国民は海外の情報など知る由もない国だと思った。

37

シンガポール

大衆書局・本店

この書店はブギス・パサ・コンプレックスの中にある。隣は国会図書館である。文教地区である。売場は約千坪の超大型書店である。アジアの書店に共通する小中学生の為の売場が展開されている。シンガポールは学習到達度で常に世界一位である。この座は揺るがない。

そうした先入観？　で売場を見た。日本とは桁外れに陳列量が多く、そしてその商品を買いに来るお母さんの買いっぷりがよい。これが世界一のエネルギーだと感じた。

二階、三階、四階が売場である。大衆書局の中心商品は小中高の教科書、問題集、参考書である。二階売場は就学前児童向き書籍、小学校初級向きテキストブック、充実している。初級用の会話、ききとり試験、初級文法、総合、変化、穴埋め読解力テスト、初級語彙等、実に詳密である。日本ではこれほど、小学生の初級には力を入れていない。国際都市を意識した、こどものための学習環境が完成している。母親がこれを享受している。

三階はＣＤ、ＤＶＤ売場、四階は４００坪と広い。この売場が普通の総合書店の品揃えである。紀伊國屋書店を除けば、この店が一番店であろう。

38

スリランカ・コロンボ
レイクハウスブックショップ

レイクハウスブックショップはスリランカの中心書店である。社長のマイル・プロヒャー氏はスリランカ書店組合の理事長さんであり、出版社レイクハウスの社長でもある。更にフランチャイズ店を10店もっている。

レイクハウスＢ・Ｓは本、文具、ＣＤを扱う１６２坪の大型書店である。一番売れる商品は弁当箱であった。この国では給食がないので、弁当箱は必要な学用品なのである。本の品揃えは総合書店である。医学書まである。中でもこどもの本の充実と郷土書の豊富なことに驚いた。親会社が歴史、郷土書の専門版元だからである。筆者もスリランカの歴史解説付きの写真集を購入した。日本円で１８００円であった。

店の奥に一本の柱があった。その柱は本の成る木をイメージした陳列であった。この書店がお客様を引き付けるもう一つの要素は、レファレンスサービスである。読書相談。案内が充実していた。順番を待つソファまで用意されていた。

39

スリランカ・コロンボ
ビシッタ・ヤパ書店

スリランカは第二次世界大戦中はイギリスの植民地でセイロン島と呼ばれ、セイロン紅茶で有名であった。戦前は新聞社の活動が目覚ましかった。独立後、出版活動になった。ビシッタ・ヤパ書店の親会社は新聞社である。マスコミ業界は独特である。それは新聞社—出版社—書店の系列ができていることである。

ビシッタ・ヤパ書店の直接の親会社はメディア・ヤパ・アソシエーションという出版社で英語専門版元としてトップ企業である。

書店の創業は1991年で、当書店はディストリビューションも兼ね、大型直営書店（100坪以上）を10店舗持ち、フランチャイジーが80店舗ある。店長さんのガミニ・ラサナヤケ氏（40歳前後）に店で一番力を入れていることは、英語教育、学習に関する本と外国雑誌を普及させることだと言っていた。本の輸入はインド、シンガポール、時々ロンドンのこともあるという。

40

タイ・バンコク
ブッカジン

筆者は多くのアジアの国を訪問した。その時、熱心な書店程、日本で出版の勉強をしたいと訴えてきた。そこで帰国後、日本の出版文化国際交流会や福音館書店に交渉をし、確認を得て、そのことを連絡した。しかし来日した人は一人もいなかった。滞在費が高いらしい？殆どの人がバンコクで出版の勉強をしたようである。紀伊国屋書店を利用した人もいた。

タイは仏教国であるが、政情は安定していない。書店に関しては、大型店がない国である。ブッカジンはサイアムスクエア駅の前にあった。日本にはムックという造語があるが、タイではブックとマガジンの合成語としてブッカジンがある。この店は若者に人気がある。

雑誌売場には１２００誌が陳列されていた。車、バイク、音楽、ホビー、ファッション誌が多い。店長は20代の若い男性で、その他に女性が一人いた。

41

台湾・台中

誠品書店

台湾には書店チェーンが多い。最大は百店以上をもつ金石堂書店である。次は誠品書店で、40数店をもつ。販売金額では後者が上回る。これは大型店の多さの証である。

誠品書店は台中の中心地にある中友百貨店の中にある。入口から店内に入った時、吹き抜けの天井の高さ、雰囲気に圧倒される。店舗レイアウトに円形広場がある。階段状になっている所が読者の座り読みの場所になっており、利用者が多い。吹き抜けになっている周辺の壁は回廊式になっている。木目調の床、平台、棚は優雅な作りである。

アメリカの雑誌「タイム」で「アジアで最も優れた書店」と紹介されている。美しい書店である。

地階：機械、電子工学、コンピュータ、コミュニケーション、マーケティング、投資など

一階：新刊、自己啓発、ファッション、旅行など実用書が充実している。

中一階（円形売場）：中国医学、風水、アロマテラピー、算命学、漫画、グラフィックノベルズ

中二階（回廊売場）：中国経典、日本文学、英米、独、仏、露文学、台湾研究、ジェンダー政経法書、書法

専門書の揃った書店である。

42

中国・北京

北京図書大厦

１９９９年11月に世界最大の書店が誕生した。その書店が北京図書大廈である。超弩級の書店で、売場面積1万６０００平米、本の種類19万種である。地下一階、地上四階の売場、五階以上八階は事務所になっている。

一階は中国共産党、革命思想書、軍事書
二階は６００坪　音像売場３００坪　あとは参考書　当時は一人っ子政策で大変であった
三階は芸術と文学のフロア
四階は実用書、中国医学、コンピュータ書、理工学専門書
地階は洋書売場
営業時間は9時~20時30分　年中無休　朝10時には千人入店している

各フロアに従業員は１００人いる。モップ掛けの人、見張りの人、棚陳列の人、フリーの人。照明は全体的に暗い、万引きが多いという。

レジキャッシャーはすべて女性で座って応対している。無愛想なこと甚だしい。公務員だから仕方ないのかな？　長蛇の列になってもいっこうに対応しない。

43

中国・上海

新華書店・愛琴海店

この店は２０１７年12月16日にオープンした。１７００平米の国営書店である。従来の新華書店とはコンセプトが異なる。愛琴海ＳＣの７Ｆに、安藤忠雄が手掛けた書店である。別名「光的空間」と呼ばれている。とにかくゆったりした売場である。

店内中央部分にもう一つの入口があり、そこがホールになっている。１５０～２００坪の空間である。この広場は講演会や講習会などに使われる。

レジは店入口にあり、三人で接客していた。安藤忠雄著「光的空間」（Ａ５判２７１Ｐ）１５８元（約２６００円）がレジ脇で販売されていた。筆者は購入した。

44

中国・上海
朶雲《だうん》書院

中国の書店が今様変わりしている。その最近の例が２０１９年8月に誕生した朶雲《だうん》書院である。中国最高の６３２ｍの高層ビル・上海タワー53階にあるこの書店は、雲に垂れ下がる書店の意味で、朶雲と名付けられた。勿論、国営書店であるが、あえて新華書店という店名にせずこの名称を使った。開店時には８００人余が並び、エレベーターは3時間待ちだったという。

一階から16秒で53階に到着する。円形状のビルの建物に沿って売り場が作られており、売場は13のゾーンに分かれていた。部屋を順に回ると、新刊、文芸書、外国文学、心理、人文、歴史、科学、博物が続き、更に通路を進むと建築、デザイン、アート、文具、土産売場であった。そこには豪華なソファーが置かれ、休憩室兼アートコーナーであった。

45

中国・大連
新華書店

大連は中国東北部遼寧省に位置し、瀋陽に次ぐ大都市で、人口は623万人である。仙台市と同緯度にあり、日本では司馬遼太郎の「坂の上の雲」の舞台として有名である。文学作品では清岡卓行が「アカシヤの大連」で芥川賞を受賞している。大連には18の大学と国立、公立、私立の有名中高校が多いので、文教都市としても特色がある。

店舗は四層で充実していた。中でも三階の学参売場がよい。四階はこどもの本売場であるが、こども広場と言った方がよい。二階は専門書である。一階はビジネス書、哲学、経済、歴史書等である。文学書コーナーに盗墓小説と都市小説コーナーがあった。日本にはない分類である。現地の人に聞いたところ、前者は墓を舞台にしたミステリーに人気があるという。

後者は都会のＯＬやサラリーマンの恋愛心理描写小説で、やはり人気が高いという。この書棚の前には若い女性が多かった。

46

中国・上海

MUJI BOOKS

中国国内の無印良品の店舗は152店舗あり、この店は152店舗として2015年12月12日にオープンした。この店ではくらしの中の「衣食住行育楽」をテーマに選書していた。日本の本も多く陳列され、「暮しの手帖」は平台販売していた。中の特集記事を取り上げ、POPにしていた。「ユリイカ」も平台陳列だった。

食の棚の前にはインスタント食品がずらり並んでいた。訪問したのが12月だったので日記コーナーがあった。A5判が主流で、書籍のような日記帳であった。WEB全盛の中国なので、手帳は不要なのでしょう。無かった。

47

トルコ・イスタンブール
メフィスト書店

イスタンブールはトルコの首都（アンカラ535万人）ではないが、国内最大の都市（1506万人、2021年）である。市内は旧市街、新市街、アジアサイド街の三地区に分かれている。メフィスト書店は新市街の目抜き通りイスティクラル通りの中心部にある。間口4間、奥行20間の細長い店である。さらに面白いことは、地下一階・一階・二階の店舗が五層の構造に見えたことである。嘗て市ヶ谷にあった建築書専門出版社・彰国社の六階建てビルが十階建てに感じられたのは、ビル内の階段の折り返しの妙によるものであった。メフィスト書店もその仕様に似ていた。

この通りには書店は多い。ロビンソン・クルーソー書店（「地球の歩き方」で紹介）、文芸書のＹＫＹ書店、ペーパーバックスのＡＤＡ書店など個性派書店が揃っていた。メフィスト書店は、広さと本の量では一番店である。二階の喫茶室80席は圧巻。通りを走る赤い路面電車トラムを二階から眺められて落ち着ける場所であった。

48

ニュージーランド南島・クィーンズタウン ペーパープラス書店

ペーパープラス書店の特色といえば山岳書、山岳写真集、観光写真集、絵葉書である。

小生がカトマンズの山岳専門書店（マップハウス）を訪れたことを思いだした。品揃えが似ている。雑誌のアイテム数の多いのにも驚かされた。すべて英誌で８００アイテムあった。この地を別荘にしている人も多い。その人たちを対象にした料理書、生活書がそろっていることも特色である。ペーパーバック、ベストセラー、文芸書にも目は届いている。生活文具、実用文具も手広く扱っているので店の中は楽しさ一杯である。伊東屋の中と勘違いしてしまう。50坪前後の中型の個性派書店で、地域密着がよい。本60、文具40の便利な書店であった。

49

ニュージーランド南島・クライストチャーチ
喫茶書店

クライストチャーチは南島の玄関である。ニュージーランドの人口は４４０万人である。南島は１２０万人で、玄関都市クライストチャーチは38万人である。イギリス移民の中で「40歳以下で飲酒癖が無く、勤勉でよく働く正直者と、その家族」約８００人でクライストチャーチは作られた。しかし町名の由来はオックスフォード大学クライストチャーチ校出身者を中心に創設されたという……この町は最もイギリスらしい町といわれる。

書店の数は北島オークランドに負けぬ位多い。市の中心部を蛇行しながら流れるのがエィヴォン川である。市街地とは思えぬ景色の中、澄んだ水がゆるやかに流れる。その流域に図書館があり、喫茶書店がある。

書店訪問で書店名は必須要件であるが、この書店に関しては何としても発見できなかった。BOOK　SHOP　CAFE で市民に親しまれている。しかし筆者はウィンドウに貼られた紙片にスターバックスの文字を発見した。これがアメリカ文化嫌いのイギリス人かと思った。メルボルンのマクドナルドでもこれに似た現象をみた。

この喫茶書店は婦人実用書、こどもの本に力を入れていた。とにかくCAFE でゆっくりして下さいといった書店であった。バーゲンも大々的に行っていた。

50

ニュージーランド北島・オークランド
W・H・スミス空港店

W・H・スミスはイギリスを代表する二大書店チェーンの一つ（もう一つはウォーターストーンズ）である。1792年に新聞販売店として創業し、現在は空港や駅、高速道路SAなどに600か所、さらにイギリス全国ほとんどの都市のハイストリートに600店舗ある。ここで紹介するNZ北島の店は空港店である。

この店の特色は本だけでなく、新聞、雑誌、食品、飲料、土産なども販売していることである。CVS代行の親しみやすい雰囲気の中型書店である。

W・H・スミスの世界的な功績がある。それは1960年書籍を識別するための九桁の番号を考案、これが1974年にISBNとして国際規格となったことである。

51

ネパール・カトマンズ
ヴァジャ・ブックショップ

この書店の社長ウペンドラ・チュラチャン氏は昔、ヒマラヤのガイドをしていた。その時知り合った外国人（ヨーロッパ人が多い）にヒマラヤ記念の写真集、エッセイ、画集などに纏めてみませんかと提案したところ、応じる人が多かったので、出版、販売の書店になったという。

カトマンズにはピルグリムズ・ブックハウスという一番店があるが、この総合書店には及ばないが、当店はこじんまりとした専門書店である。市の中心地タメル地区に近い商店街に立地する間口2間、奥行10間の中型書店である。

社長の編集したヒマラヤ写真集が面陳列されていた。エッセイや画集も棚を賑わしていた。多くの著者はヒマラヤに何度も来るので、その都度異なった著作をしてくれる。そのことが、楽しいと社長が語ってくれた。

52

ネパール・カトマンズ
ピルグリムズ・ブックハウス

この書店はカトマンズを代表する書店である。創業1984年の老舗で、一階150坪、二階80坪の総合書店である。従業員は殆ど男性で20人前後、グッズ売場（土産物、紅茶、石鹸等）に女性が五人ほどいた。売場がジャンルにより個室風に独立売場になっていた。

二階の個室化されたジャンルは次の通り。

①自然史室　②宗教室　③小説室　④歴史・政治室　⑤こども室　⑥絵本室　⑦未就学室　⑧言語室　⑨ビジネス室　⑩芸術室　⑪ヒンズー室　⑫ブッディズム室　である。

各部屋はすべて通過できる構造になっている。

山岳書コーナーの充実はヒマラヤ登山に相応しい。喫茶室30席が一階奥にあったが、壁面の書棚に古書が約千冊陳列されていた。販売はしていない。

53

フィリピン・・マニラ
フーリーブックド

このフーリーブックド書店を探すのに大変手間取った。ショッピングセンター以外の地域にあるので、なかなか発見できなかった。ところが道行く人にフーリーブックドの場所を聞くと、皆知っていたので、有名な書店なのだとその時点でわかった。これだけの本が揃っていれば、読者は遠くからでも来てくれる。一・二階の吹き抜けの壁に、本が積み上げられたモニュメントがある。あれだけの高さに本を積み上げるには何か造作されているのであろう。個性派の書店として、地下一階、地上一二階の店で４００坪はある。難点をいえば商品管理がよい店ではなかった。

FULLY BOOKED
一階：General Interest,Women'Interest,Mens Interest,Motoring,Music,drama/
Play,Classics,Romance,Fiction,SF
二階：Life-style,Children's
地階：Stationary,Art Materals,U-View

54

フィリピン・マニラ
マニラ古書店

マニラには古書店が多いと聞いていた。懇意にしている古書店の店主に、能勢さんがマニラに行くのであれば、スペイン語の聖書を買ってきて下さいと頼まれた。希少価値なのだそうである。

更に店主は付け加えた。古書店の多く集まっているキアポ地区レクト街は治安が悪いので気をつけてくださいと言われた。丸善ライブラリ「世界の古書店」（品切）の中にも当該地域の夜間訪問は注意と記述があった。

小生は意識的に午前中に訪れたが、もう酔客がいた。この地区の写真撮影は禁止されていた。隠し撮りも怖くて撮れなかった。

この地区を地元の人はオリエンタルパールと呼んでいた。アーケードがあるので、大雨でなければ商売は出来る。20～30店が路上販売している。

マニラの中心地エルミタ地区のロビンソンSCの中に「ブック・セール」という古書店があった。よい店である。雑誌に力が入っていた。

55

フィリピン・ケソン市 ナショナル・ブックストア

ケソン市は首都マニラに隣接する文教都市で、千葉市と姉妹都市の提携を結んでいる。小生が千葉市民なので親しみを感じる。

ガイドブック・地図の棚にジャパンの表示があり、東京、京都、千葉の本と地図が並んでいた。千葉市長が訪れたことがあると店長が語ってくれた。筆者の兄も青年会議所時代に訪問したことを思い出した。

一・二階の大きな書店である。店中央にエスカレーターがある。一階は雑誌、新刊、文芸書。二階はペーパーバックス、宗教、教育、心理学等人文書が多かった。中でもバイブルが棚4本を使って陳列されていたのはカトリック国フィリピン・ならではと思った。ケソン大学他、インテリ層の利用が多いという。地域一番店であることは間違いない。

56

ブータン・ティンプー
P・T
エンタープライズ

ブータンの人口密度は日本の二十五分の一である。九州に70万人が住んでいる状態である。首都ティンプー（標高２３００ｍ）は平地が少なく飛行場はない。52㎞離れたパロ（同２２００ｍ）がブータンの玄関である。ティンプーには約11万人が住んでいる。

主要産業は農業であるが、最大の輸出商品（インドへ）は電力である。メイン通りは一本しかないが、そこに商店が密集している。約１㎞の銀座通りである。書店は通りから少し入ったところに７店の書店があった。多いのに驚く。商店街の終わりに官庁街（外務省、大蔵省、議事堂、国会図書館、王宮等）があり、霞が関の様である。その一角にＰ・Ｔエンタープライズがある。官庁街の書店だが、一般の人の利用も多い。

看板には事務用文具、本、宗教用品、複写機、製本、ラミネートの扱いが書かれていた。約30坪の書籍売場で、実用書、こどもの本、文芸書が中心であった。参考書コーナーは無かった。各売場には２～３名の従業員がいた。緒官庁納品の充実した書店であった。

57

ブータン・ティンプー
メガ書店

市中を走っている約1㎞の商店街の起点は、巡査が手信号で車を捌いている交差点である。この国には信号機は全くない。ゆるやかな坂道で国際食品市場まで続いている。途中にホテル、レストラン、映画館、バスセンターなど市民生活に必要な店舗がずらりと並んでいた。書店は映画館裏に固まって四店あった。メガ書店はその一つである。幸福の国ブータンは、国立図書館の威容からも、文教政策に力が入っていることがわかる。メガ書店はティンプー市内、小中学校の教科書指定店であった。

メガ書店は市内一番の辞書、参考書、問題集、文具の充実した店であった。他の書店では、トリンケット書店は料理書、写真集が特色、ブックワールド、ＤＳＢ書店、ペ・カン書店なども地域に密着した商売をしていた。

メガ書店はブータンをリードする貴重な存在の書店であった。

58

ブルネイ・バンダルスリブガワン
ベストイースタン書店

ブルネイは、太平洋戦争中は日本に占領され、戦後は再びイギリスに統治された。1963年、マレーシア連邦構想には参加せず、イギリス保護領のままであった。その後植民地政策に反対する世論の高まりで、1984年に独立した。

首都バンダルスリブガワン最大のザ・モールの一等地に位置するのがベストイースタン書店である。このSCは多くの女性を集めている。そのターゲットをベストイースタンは児童書で歓迎しようとしている。

ウィンドウ政策も良い。外看板が面白い。そこにはアインシュタインの顔と彼の名言をもじった言葉「読書と理解の喜びは自然の最大の贈り物である」が書かれていた。店の姿勢がわかる。児童政策を見てみよう。売場は絵本、読み物、グレード別読み物、ヤングアダルト、幼児学参とこどもに焦点を合わせている姿勢がきめ細かい。その周辺にはぬいぐるみ、おもちゃ、文具、雑貨が配置されている。勿論、新刊、ホットベストセラー、ビジネス書もあるが、この家族志向の商品構成は凄いと思った。

59

ヴェトナム・ハノイ
インフォストーンズ書店

ヴェトナムは政治のハノイ、経済のホーチミンと言われるくらいに役割がはっきりしている。書店は両都市に素晴らしい店があった。

インフォストーンズは個性的な書店である。

デザイン、建築、美術、人文に特化していて、綺麗な女性社長の優しい店である。筆者が店に入っていったら「何かお探しですか」と女社長にすぐに声をかけられた。東京から来たことを告げ、商店建築の本はありませんかと、尋ねるとパソコンに向かい、書誌検索をしてくれた。そして棚から一冊のフランス書を持ってきてくれた。事程左様に、お客様の対応を切らさぬ書店であった。

女性三名（含社長）、男性二名がいて甲斐甲斐しく働いていた。大きい店ではない、40坪位。しかし何か発見のありそうな書店であった。英書が主であるが、仏書も多かった。社長以下従業員は皆東京に行ったことがあるという。

60

ヴェトナム・ハノイ
路上書店

ヴェトナムは識字率の高い国で、東南アジアでは上位にある。

老婆が路上で涼みながら新聞を読んでいる国である。ハノイ、ホーチミンの書店を見て共通点があった。それは扱う書籍の言語が仏、英、中とヴェトナム語を扱う書店が多かったことである。

路上書店の場合は、アーケード下が多い。店舗と店舗の間の壁の前など、90㎝幅を陳列場にしている。什器は金属製、木製のX脚(折りたたみ可)、平板の上に陳列する。金属製のラック、出来合いの書架、箱、籠などが陳列什器である。

販売人は少年がおばさんであった。失礼な言い方ではあるが、意外に清潔感？　があり、否な印象を持たせない路上書店であった。

61

ベトナム・ホーチミン
スアントウ書店

フランス植民地時代のベトナムを思い出させる書店である。それは品揃えを見ればわかる。フランス書、ベトナム書が多く、それ以外に中国書籍、英書が並んでいた。残念ながら日本語の書籍、地図は無かった。

この書店はホーチミン市では一番インターナショナルな書店である。本以外にも時計、文具、CD、ぬいぐるみ等も販売していたが、書店としての主張を忘れていない。それはレファレンスの充実である。ワンフロア２２４坪あり、市内一番である。従業員の多いことも市内一番、男子15名、女子20名の社員は５ｍ間隔で並んでいた。

本のコーナーは言語別に四つに分割されていた。仏、中、英、ベトナムでそれぞれに専門性を感じた。ベトナム語コーナーには医書に力が入っていた。フランス語は文芸書が多かった。

外国人利用の多いことが特色である。街の中心地コンチネンタルホテルの前の立地である。

62

マレーシア・コタ・キナバル
ボルネオ書店

コタ・キナバルは東マレーシア（ボルネオ島）サバ州の州都で、東マレーシア最大の都市である。市の中心部にウィズマ・メルデカSCがあり、ボルネオ書店はその中にある。この書店は地元紹介の書籍、写真集、絵葉書に力が入っていた。日本語で書かれた本があったので、早速購入し一晩で読んでしまった。コタ・キナバルの歴史、特に第二次世界大戦中のボルネオ戦争史は興味深かった。

店長は女性であった。店内は綺麗で整然としており、SC内の店舗コンクールで優勝するほど立派であった。本の他に女性衣料、ぬいぐるみ、小物雑貨、袋物、スカーフ、タペストリーなどが陳列されていて、飽きのこない店であった。店の一部に縫製所があり、若い女性が仕事をしていた。日本にもこんな書店が欲しいと思った。

63

ミャンマー・マンダレー
セイクーチュウチュ書店

マンダレーはヤンゴンに次ぐミャンマー第二の都市である。市内には書店が意外に多く五店舗あった。１ナガー書店　２セイクーチュウチュ書店　３トゥワＢＳ　４マハムニ・パヤ書店　５インワブックス　である。インワブックスはヤンゴンに本店がある。ユニークな書店はセイクーチュウチュ書店（約30坪）である。店名看板、広告、ＰＯＰ等がすべてミャンマー語なのでお手上げ状態であった。英語表記は「ＧＩＦＴ」「ＶＯＵＣＨＥＲ」だけであった。通訳に助けられて書店事情を知ることができた。

２０１３年開店で、社長は中国人である。清潔感のある感じのよい、明るい店であった。店に入るとすぐに語学書専門店、教科書専門店であることがわかった。書棚は語学書関連で一杯で、同一本の複本の多いことに驚いた。教科書として需要が多いのである。外国資本がどんどん入っている現在、外国語を勉強する人口が増えている。従業員は全員女性で７名と多い。軍政下の今どうしているだろうか？

64

UAE ドバイ
マグルディ書店

二十世紀後半ドバイ沖で海底油田が発見され、小さな港町だったドバイは一転、産油産業都市として大飛躍した。国土は埼玉県ほどの大きさ、人口は245万人（2015年）である。ドバイ発展後、書店としてはイギリスのW・H・スミスが進出した。その後紀伊國屋書店も出店（月商1億円の好成績）し、話題になった。それまでドバイ一番店はマグルディ書店であった。

1995年～2008年が最盛期時代であった。その時期には5店のチェーン店であった。残念ながら今はカバイン地区にあるマグルディ書店だけです。

扱い商品は本が主だが、その他学生服、セーター、マフラー、バッグ、靴下、財布、知能玩具が扱い商品である。こどもの本はチルドレン&YA、4～7歳、8～12歳に分けられていた。面白かった展示はイスラムの本で、コーランは立派なガラスケースに入れられていた。

敬虔の念で写真を撮らせて頂いた。

65

ラオス・ビエンチャン タラットサオ・ブックゾーン

ラオスはベトナム、カンボジア、タイ、ミャンマー、中国に隣接する全くの内陸国で、約70％は高原や山岳地帯である。第二次世界大戦中はフランス領であった。今は社会主義国で、首都ビエンチャン（91万人・２０１９年）で、京都と姉妹都市である。国土は日本の60％で、人口は７１６万人（２０１９年）である。

この書店は市の中心部にあるタラットサオＳＣの中にある。筆者が本を探していたら女性経営者が仏―英辞書を勧めにきた。ビエンチャンは米、独、仏の技術者が多く滞在している。間違われても、嬉しかったですね。この国はこうして発展していくんだと思った。

66

ラオス・ビエンチャン ブックカフェ

インドシナ半島で一番後進国はラオスであろう。その理由は、フランスが支配当時、儲からない植民地として投資を控えたからである。カンボジア・プノンペンにはフランス通りや、フランス映画館があり、ベトナム・ホーチミン（旧サイゴン）は東洋のパリと言われる程フランス文化が染みついている。ラオスには何もない。鉄道すら敷かなかった。

このブックカフェにはフランス色が残っていた。社長はフランス人であった。店の中央部に大きなデラックスソファが置かれていた。ソファから見えるところにコンピュータがあり、社長がそこで仕事をしていた。小生が東京から来たことを告げると、にこりと嬉しそうであった。ラオスにもこんな暖かい書店（約50坪）があるのだと感心した。

店は英書6、仏書3、その他1の割合である。地元の人より外人の来店が多い。仏、英、米の出版社と直取引である。文学、人文、美術、写真集が主商品で、パリの書店と遜色はない。

世界の書店66店舗を紹介致しました。これらの書店すべてが、各国を代表する書店というわけではありませんが、半分は一番店です。ブックフェアの帰途、旅の途中にでも寄られることをお勧めします。

美しい書店を挙げるとすれば、㉗ルーマニア・ブカレストのカルトラレシティ書店㊶台湾・台中の誠品書店でしょう。

規模の大きい書店では、㊷中国・北京の北京図書大厦　①イギリス・ロンドンのフォイルズ書店　⑬ドイツ・フランクフルトのフューゲンデゥーベル書店　⑦スウェーデン・ストックホルムのアカデミー書店でしょう。

個性的な書店では、㊸フィリピン・マニラのフリーブックド　㊹中国・上海の朶雲書院㊵タイ・バンコクのブッカジンでしょう。

各国の一番店に絞った本は、カラー版「世界の本屋さん図鑑」をご覧下さい。日本の出版業界は低迷を続けていますが、欧米の書店は2～5％は伸びています。各国に学ぶところは多いです。

詳しくは著者の次の本をご覧ください。

・「世界の本屋さん見て歩き」（出版メディアパル刊）
・カラー版「世界の本屋さん図鑑」（出版メディアパル刊）
・「世界の書店をたずねて」（本の学校・郁文塾刊）

第二章

私の履歴書

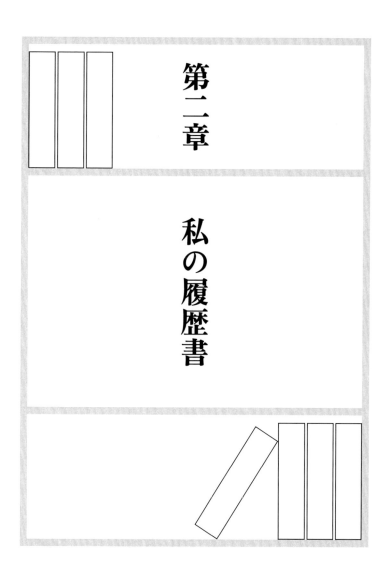

〈戦中期〉

令和六年は昭和で通算すれば昭和九十九年であり、まさに戦後七十九年に当たる。日本の国内外においても大きな節目を感じずにはいられない。一口に七十九年といってもやはり長い年月であった。特に昭和二〇年にわが国は初めての敗戦を経験をした。歴史観、価値観は一変した。挙国一致の軍事体制から民主主義による平和国家に一八〇度転換した。終戦時旧制中学生であった筆者も、戦地にこそ駆り出されなかったが、銃後において戦争協力に参加していた。

いま考えれば戦時中に勉学は考えられなかった。わずかに週一日だけ木曜日が勉学の日であった。あとの曜日はすべて学徒動員として、軍の鉄道聯隊施設作業とか、航空機の燃料の原資にする松根（油）採掘、労働力不足の農村に行き田植えという援農作業等々、何でもありの毎日であった。

こんな生活の中で輝いていたのは木曜日の学習の日であった。この日が楽しみだったというと、気障に聞こえるかもしれないが、事実であった。水曜日に作業を終え、帰宅する時同僚の顔には輝きがあった。それは明日は勉強ができる、教室で集える歓びを知っていたからである。すでに戦争末期であって、町は焼け野原、悪い食料事情、空襲警報の連続、艦砲射撃など、およそ平和などというものは一かけらもなかった。

なかでも鮮明に覚えていることは英語の授業であった。敵性語ということで排斥されていた風潮のなか、あえて相手国を知ることが大切だと英語の重要性を教師は説いた。この教育方針を認めた校長先生も立派である。当時旧制中学校には配属将校が必ずいて、軍事教練は登校日の必須科目であった。軍事色の濃いなかで、校長先生や英語の教師は相当つらい目にあっていたのではないかと思う。

人間極限状態になると、短い平和でも平和の有難み、学習時間の幸せを痛感する。ただこれもほんの一瞬といってよい。なぜならその学習日に空襲警報や警戒警報が発令されれば、教室にはいられず、避難しなければならない。浮草のような学習の日だった。

筆者の家業は書店である。江戸時代から続く老舗であるが、戦時中は統制経済であったために自由に商売をすることは出来なかった。生活必需品はすべて配給制であった。出版物の流通も限定されていた。筆者の家業の店舗は千葉市にあった。

戦時中、出版物も統制経済下にあった。国策会社である日本出版配給株式会社（通称・日配）から商品は全国各地に送られていた。千葉市にも指定された問屋の倉庫に書籍、雑誌が配送され、各書店別に商品が仕分けされて、書店はその商品を取りに行った。当時小売商店で自動車を持っている店はほとんどなかった。自転車とリヤカーが運送手段であった。

戦争末期に近づくほど、商品量が少なくなってきていた。筆者も家業を手伝った。自転車の荷台に積んだ本が重たくてハンドルをとられ、フラフラ運転をし、挙句の果てに転倒、道路に商品をぶちまけたことを鮮明に思い出す。バス以外に自動車が走っていない時代であるから、道路に散乱した書籍、雑誌を急いで拾う必要はなかった。のんびりしたものである。通行人が手伝ってくれたのどかな時代であった。

現在の出版事情と全く異なる点は、商品全部が買切だったことである。返品作業をしているのを見たことはなかった。店頭に並べられる商品が年々少なくなっていた。戦後は上京、下宿したので家業から離れた。しかし本から離れることはなかった。

〈戦後期〉

大学卒業後、高等学校に就職した。戦後色の濃い時代であった。モータリゼーション以前である。学校では担当科目の日本史の他に図書室管理も仰せつかった。図書館教育に熱心な学校であった。図書室に一クラスが入れるように六〇席あった。別にガラスで仕切られたブラウジングルーム（談話室）、新聞・雑誌室もあった。生徒にとっては学習、憩いの良い環境であった。筆者は週一時間読書教育の授業を受け持っていた。いま思えば読書案内であった。

昭和三〇年代であり、現在のような新鋭作家の出る前の時代であった。したがって紹介する作家も外国では、トルストイ、ドストエフスキー、チェーホフ、プーシキン、ヘッセ、トーマス・マン、ジード、モウパッサン、スタンダール、ヘミングウェイ、ヘンリ・ミラ、オー・ヘンリー、シェイクスピア、ディケンズ、魯迅、老舎といったところである。

日本作家は大江健三郎が登場、石原慎太郎の『太陽の季節』で目を丸くしていた時代である。したがって古典作家に偏りがちで、夏目漱石、島崎藤村、武者小路実篤、有島武郎、谷崎潤一郎、川端康成、二葉亭四迷、田山花袋、宮本百合子、林芙美子、長塚節、プロレタリア作家群の一通りの紹介をした。三島由紀夫、安部公房は登場したばかりだった。

生徒には読書は習慣だよ、いま読まないと一生読まなくなるから、何でもよいから好きな作家を持てといった記憶がある。卒業式のあと、高三担任の先生に頼んで、個人別貸出カードを卒業記念に、「あなたの読書歴ですよ」として返してあげた。在学中に一〇〇冊以上読んでいる生徒も多くいた。携帯電話もゲームもない時代であった。読書はエンターテインメントだったのである。

図書室の本の選択は、教師用書、基本図書、参考図書は筆者が選んだが、それ以外の読み物は図書委員に選ばせた。月二回土曜日の午後、当時九段にあった東販の店売に行って選んだ。筆者が付き添ったのは当然であるが、教科別に先生方にも交替で参加してもらった。

図書室を自分たちの図書室という雰囲気にしたかったからである。教職を五年経験して家業に戻った。

当時は高度成長経済の入り口にあり、日本経済は成長につぐ成長であった。政治は五五年体制ができ、保守路線を進む状態であった。

書店現場では面白いように本は売れた。松本清張の登場でミステリーのベースはできた。

日本人の生活水準も徐々に向上し、三種の神器といわれた冷蔵庫、テレビ、洗濯機をそろえることは一つの生活目標であった。出版物では『徳川家康』（山岡荘八著）が読まれた。この本は経営者が読むのが相応しいと評判となってビジネス書ジャンルが誕生した。高度成長には経営書は必然だったからである。日本人の家庭に浸透した出版物は百科事典であった。三〇年代後半、教養のシンボルというより家具、調度品として百科事典は家庭の応接間を飾った。高額商品の大量販売によって出版界は一気に景気づいた。高度成長経済を支えた日本の工業化のために理工学専門書も大いに迎え入れられた。法経、人文書もよく売れた。戦後の新教育体制、ベビーブームで受験地獄を生み、参考書、児童書は書店のドル箱の一部になった。

日本人の殆どが猛烈社員であったが、その分、収入も向上し中流意識が高まった。高等学校の進学率も高くなり、女子の高学歴化現象も始まった。

百科事典のブームの前に文庫、新書の創刊ブームが昭和二〇年代から何度かあった。これらの出版物は読書人口の拡大に大いに寄与した。業界に大きく作用したのは昭和三三年の『週刊新潮』の創刊、成功であった。週刊誌は新聞社系の独占出版物と考えられており、一文芸出版社では無理といわれた。そのタブーを覆したので、週刊文春、週刊コウロン、週刊女性が続いた。こども向けの週刊誌、週刊マーガレット、週刊サンデー、週刊マガジンも成功した。これらのこども週刊誌はコミックの誕生につながった。

昭和三〇年代は美智子さまが民間から皇室に入られたこと、東京オリンピック等、雑誌が売れる時代であった。書店は客数が増えた。

昭和三〇年代前半に出版業界の組織化ができた。すなわち日本書籍出版協会（書協三二年設立）、日本雑誌協会（雑協、三一年）、日本出版取次協会（取協、三一年）、工学書協会（二三年）、日本児童図書出版協会（児童出協、二八年）、等が結成された。書店については戦前からあった団体が二〇年に改組され日本出版物小売協同組合聯合会（小売全聯）ができ、その後名称変更を六回して現在の日本書店組合連合会（日書連）になったのは昭和六三年であった。この間、出版業界は二桁成長を続けていた。

四〇年代前半は百科事典に続いて美術全集、文学全集、音楽全集、歴史全集、詩の全集と幅広く大型商品が売れた。売り方として割賦販売がとられるようになった。四〇年代後半にはオイルショックにより、出版物の定価が値上がりし、成長は止まった。大きな事件として四七年の書店ストがある。これは日本書店組合連合会と日本書籍出版協会の正味問題をめぐって話し合いが決裂、日書連が一部出版社の商品を扱わないという実力行使に突入し、社会問題にまで発展した。

五〇年代に入ると返品が急増し、売上げも一桁成長が続くようになった。追い打ちをかけるように再販制度にメスが入った。昭和二八年に独占禁止法の適用除外規定によって出版物に再販制度が適用された。公正取引委員会は現在の自由競争社会のなかで、出版物だけが無競争でよいものかとして、裁定が下され昭和五五年に新再販制度がスタートした。

この間書店は大型化、チェーン化が進んだ。なかでも八重洲ブックセンターが昭和五三年に開店した時、日本中の書店、出版社が注目した。

六〇年代は郊外型書店出現によって書店革命が進行した。また価格破壊と称してブックオフが誕生し、出版物は新刊書、古書、新古書と三種類に分けられるようになった。コミックは書店では売上げの柱の一つになっていたが、新古書店の出現によって派生的に万引が増加し、新刊書店を悩ませるようになった。

七〇年代は電子書籍の普及とネット販売が急上昇したことが注目された。これはアマゾン・ドットコムの日本上陸が引き金であった。


〈成長期〉


筆者は㈱多田屋↓㈱平安堂FCジャパンブックボックス↓㈱アスキー↓㈱太洋社と業界の川下─川中─川上を歩いてきた。書店経験が一番長いし、現在も書店のコンサルタントとして書店経営のサポートを続けている。常に念頭にあることは書店の顧客＝読者のことである。

読者を知ること、いかに読者を店に呼び込むか、読者の増加は、書店経営にとって不可欠の問題である。多田屋時代から現在に至るまで、読者を育てることの重要さをいやというほど身に感じている。顧客満足のない書店で伸びた例はない。本書は筆者のこれまでの書店経験の集大成として顧客満足に的を絞って触れてみたいと思った。

　大蔵大臣を歴任した塩川正十郎氏の講演会が平成一六年一一月に出版クラブで行われた。塩川氏が大変な読書家であることも有名であるし、再販制擁護で業界に力を尽くしてくれたことでも知られている。講演の中で、昔の書店と今の書店の大きな違いは、話こめる書店員がいなくなったことだという。氏はお中元、お歳暮に本を贈ることを習慣にしている。

　経済関係書（経済小説も含めて）を七〇人余の人に送本するわけであるが、以前は相談相手に事欠かなかったが、いまは塩川氏自身で決めている。東京では霞が関・虎ノ門書房、東大阪ではひばりや書店を贔屓にしている。

　本好きにとっては、本の友は仲間であり、読み友達である。書店の大小や歴史など関係なく、読者を迎え入れる雰囲気が書店にあるかどうかが問題である。つまりこれが書店の顧客満足感であって、何も特別のサービスをしているわけでもない。自然体で読者を意識して商売している。

　この点、よく新刊書店と古書店が比較される。極端なことを言えば、新刊書店は書籍の三か月陳列館といわれても仕方ないほど、新刊洪水に流されている。その点、古書店の商品はすべて店の資産であり、書誌である。自ずとそこに扱う態度が異なるのである。古書店には専門性と使命感があるからである。

　不特定多数客の新刊書店と、特定読者を対象にする古書店では顧客満足度が違ってきてしまう。しかし両者とも商売をしていることには変わりはない。商売の基本はサービスであり、顧客の満足を願って商いをするものである。本の新旧には関係ない。してみると新刊書店の五不（不平、不満、不便、不良、不遜）が今、顧客満足を邪魔していると言える。

筆者がよく利用するフルーツ専門店がある。お見舞いやお祝いに重宝している店である。ある時、桃の出回っている時期にゴールデンピーチが陳列されていた。表面が真黄色で、明らかに輝いていた。その商品にはプライスカードと「現品限り」のカードがつけられていた。贈答用コーナーに陳列された現品限りのピーチに筆者は少々違和感を覚えた。これはこのピーチが最後の商品ですよの案内なのであろう。このPOPは衣料品店でも電器店などでも見受ける。イメージとしてはオールドファッション、旧機種、生産終了商品を指すことが多い。フルーツ店の社長と懇意しているので、現品限りについて理由を尋ねたところ、「今年はもう入荷しません」ということであった。売れ残りでも、早く売りきってしまいたい商品でもない。いわんや傷んでいるものではない。そこで筆者は思い切って社長に現品限りの理由を書き添えたらと進言した。

それから数か月して店の前を通った時、社長が筆者を追いかけてきた。何のことかと思ったら、過日筆者が進言したことのお礼だったのである。それは現品限りの理由を書くようになってから、売れ足が速くなったというのである。お客様が納得して、お買い得商品にぶつかった感じで買ってくださるそうである。社長はお客様の顧客満足を報告したくて筆者を呼び止めたのである。

筆者は同じ商人として、こちらも嬉しい気持ちになった。わずか一枚のPOPであるが、お客様に安心して買い物をしていただくのに、有効な販促カードになったのである。

筆者がよく行く喫茶店がある。座る場所もほとんど一定である。席につくとウェイトレスが水をもってきてくれ、「いつものでよろしいですか」と言ってさがって行く。筆者にしてみると心地よい一瞬である。時々アルバイトのウェイトレスが来て、「何になさいますか」とオーダーをとりにくることがある。カウンターに戻って何やら囁かれている。多分「あの人はいつもアメリカンなのよ」と言われているのであろう。

事程左様に顧客とはわがままなもので、自分のことをわかってくれている店を好む。安心なのであろう。店との一体感が顧客満足になっている。その安心感がサービスになっている。

我が家のような店にすることが商人の務めであろう。

読者が贔屓の書店をもつことは、その書店に行くと落ち着くからである。書店にCSを意識した書店員がいなければ、読者に満足をもってもらう書店にはなれない。

戦後六〇年で書店の在り様は変わった。書店は読者あっての書店である。勝ち組と負け組に分けるとすれば、前者は客数増加店であり、後者は客数減少店である。書店の売上げは購買客数×単価であり、客数増でない限り売上げ増は考えられない。

いかに流通が多様化し、書店が複合化しても書店本来の顧客満足は存在する。読者を知ること、読者に真心販売することが販売の基本であり、そこに顧客満足が生まれる。

第三章

商人として

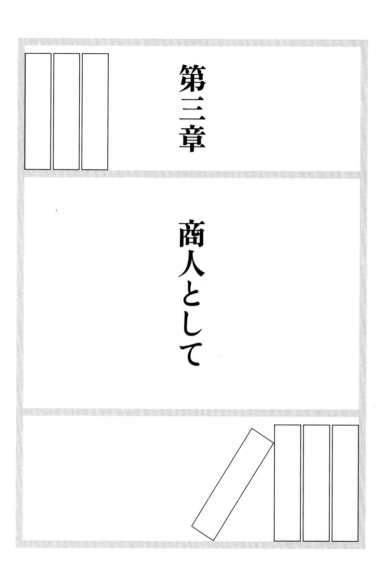

〈顧客満足の始まり〉

顧客満足がいわれるようになったのは、１９８９年頃からである。それ以前でもＣＳという言葉があったが、それは顧客サービスであった。日本経済は70年代の高度成長期、80年代の成熟期、90年代の転換、バブル期であった。成熟期が終わり、新しい段階に入った日本経済は転換を迫られていた。

80年代は設備投資に熱心であった第三次産業は不況期に入って自力で解決をせねばならなかった。すでにアメリカでは顧客満足は叫ばれ、五年遅れで日本企業もその必要性に迫られた。ＣＳは顧客サービスからカスタマー・サティスファクションにかわったのである。

つまり顧客サービスなくして顧客満足なしである。当時顧客満足の見本企業がアメリカのノードストロームであった。こんな百貨店があったのかと驚いたものである。

アメリカの百貨店ノードストロームは、１９０１年に小さな靴の専門店としてシアトルに誕生した。１９６０年代にベスト・アパレルを買収してからは、郊外のショッピングセンターに積極的に出店し、今日のようなアパレル中心の百貨店に成長した。絶対にノーとは言わない顧客サービスの優れた百貨店として、世界中の百貨店から注目されるようになった。

ノードストロームは顧客サービスの観点から、サービスを徹底するため、顧客に接する機会の多い販売員の立場、意見を尊重している。売場における全権を委譲し、顧客サービス第一の姿勢で行動するよう指導した。

例えば、返品はいかなる事情においても—たとえ顧客の都合によるものであっても—上司の許可なく受けつけてよい。他百貨店で買い物した商品でも、不具合があれば返品、交換に応じてくれることはつとに有名である。小売靴店が大デパートに成長した根源は顧客サービスにあったのである。

創業者ジョン・ノードストロームは1871年にスウェーデンの貧しい農家の次男に生まれた。16歳の時にアメリカに渡り、木こり業や採掘業に励んだのち、アラスカで起こったゴールドラッシュでいささかの金を手にする。それを資本に、靴の修繕業をしていた友人と、シアトルに小さな靴店を開いたのがノードストロームの第一歩である。ジョンは大柄なスウェーデン系移民の足に合わせるために、大きさ、幅、色、スタイルとともにサイズを豊富にするように仕入れ方法を変更した。これがノードストロームの顧客満足の原点であった。

〈こころ美人〉

エアラインの客室乗務員が常に心掛けていることは「こころ美人」ということである。

面接試験の段階で身長、容姿は問われているが、実際には訓練期間中に客室乗務員の心技体とは何かが、ぼんやりとわかるという。ハードな訓練のあとに機上の修行が始まる。

彼女たちは、搭乗されるお客様を、自宅の客間に招待する気持ちで迎えるのである。美人ぞろいの客室乗務員であるが、お客様に本当に喜ばれるのは親身になったお世話である。

心やさしい人、つまりこころ美人が客室乗務員に一番求められるのである。こころ美人を形づくるのは微笑と心遣いである。店頭と機上は同一視はできないが、接客という点は共通である。

次に彼女たちの女らしさが表現されているものに、動作を美しく見せる六カ条がある。

① **指をそろえる**――方向や物の指示をする時に、五本の指をそろえるときれいに見える。

② **物を持った時は胸の高さまで上げる**――手をさげたまま持つのはだらしなく、上げ過ぎても不自然である。

③ **物の受け渡しは両手で行う**――賞状をいただく時と同じである。

④ **動作を一つ一つ区切る**――歩きながら方向や物を指し示してはいけない。

⑤ **動作の速度は前半はふつう、後半はゆっくりと**――おじぎをする際、頭を下げる時は普通の速度で、上げる時はゆっくりと。

⑥ **目線をつける**――物を指し示す時は、相手の顔↓指す方向↓相手の顔というように、目線をつける。

動作はその人の表情といえる。われわれは俳優ではないからポーズを作ることは下手である。いわんや日常動作となれば、その人の生地がそのまま現われる。したがって、動作研究をするか、しないかで相手の受ける印象が変化してくる。美しく上品であることにこしたことはない。自分の動作を意識することによって近づくことができる。店頭で①、③はすぐに実施したい。無表情、不機嫌は怠惰の表れであり、店頭の敵である。

〈相づちはセールスの母〉

書店がセルフサービスの店であれば、書店には社員、パート、アルバイトはいらなくなる。なぜならばセルフサービス店とは、お客様が商品を提示し、商店が代金を授受する商法だからである。人間がロボット化し、おしゃべりを忘れた商売である。

理髪店、美容院、靴店などを考えてみよう。実によく話しかけてくる。時候のことに始まり、髪型、洗髪のこと、靴の色、サイズ、高さ、スタイルなど、お客様と多くの会話をとりかわす。対面販売業種といってしまえばそれまでだが、慣れてくると、いつもの髪型でといっただけで通じるほどお客様の好みを知っているのはみごとである。お客様が体を店に預けた感じである。

靴店の場合でも、おとなしい型を好みそう、流行の先端型のお客様らしいと対話中にキャッチすれば、気に入りそうな靴を次から次と並べれば、お客様はその中から選べばよい。

書店は対話のチャンスが少ない。こちらから積極的にきっかけを作らないと、お買い上げの際、ありがとうございますで終わってしまう。何かお探しですかに始まり、客追い店でなければならない。客待ち店はセルフ店に代表されるから、お客様を求め、売上げを伸ばすためには客追いが必要になる。これは尾行販売ではない。相づちセールスと申し上げたい。

対話に相づちはつきものである。とかくセールスとなると説得販売が先行しがちで、主役がお客様であることを忘れてしまう。店頭での会話の中で、聞き上手がお客様を一番安心させ、財布のひもをゆるませる。旅行のみやげ話を聞いた後で、創刊雑誌の予約を頂いた例もある。

西武セゾングループ商品科学研究所の調査によれば、日本人の持ち物平均アイテムは800点という。独627、仏636、英640からみて物余り時代がわかる。出版物も文化志向から生活志向へ、さらに感性志向が強くなっている。ますます選択化、個性化、専門化が進み対話が重要視される。相づち商法によって、お客様の心をしっかりつかみたいものである。


〈お客様を意識する店〉


最近は社会体育がさかんである。地域の体育施設が開放されて、これを利用する人が多い。バレーボール、サッカー、バトミントン、野球等の他にマラソン大会も行われている。記録もさることながら、スポーツは前日、当日など経過が楽しい。日本人は概して、それなりの服装に凝るようだ。

商店にもそれなりに構えた店がある。反対に店の入り口に立っても、奥の方がわからない店や、西日が沈んでしまったのに、ブラインドを上げずに営業している店などである。

バーに入る時、初めての店は不安である。ドアの内側がどうなっているのか心配で、恐る恐る開けて中をのぞいてしまう。

その点、書店は開放的で、何も買わずに帰っても文句の言われない店である。読者は、買い物にあたって自由気ままにさせてくれる気安さ、自由感が書店の良さと思っている。

ところが、目深な書店は、あたかも入店を拒んでいるように受け取れる。おいでおいでではなく、読者をうす暗い奥から観察しているようである。商店は店頭の入りやすさが肝心である。いわんや、書店にはベストセラーや新聞広告に載った週刊誌が店頭を賑わせているから、店奥から睨まれたのではたまったものではない。

店頭は店の常設催事場であるから、目立つことが最大条件である。店に一か所でも目深な所があると、全体が陰気になってしまう。陰気な部分は致命傷である。書店はお客様の見える部分には十分な配慮がなければならない。

日本のスポーツ選手が外国でプレーする時、外国選手に比べてジェスチャーが少ない。書店もジェスチャーが少ないのでアピールしない。書店もお客様を意識したアクションが大切である。

〈宣伝の〝狭告〟〉

書店は広告宣伝費を殆どかけない。出版社がするものと考えている人が多い。出版物が価格訴求のない商品なので、広告宣伝しても宣伝効果が期待できないからであろう。

しかし、宣伝はしないよりしたほうがよいのは当然である。経費をあまりかけずに宣伝できる方法はないものだろうか。書店の宣伝は地味であり、小規模であって受け身が多い。つまり計画的、自主的な宣伝が少ない。取引先の学校、幼稚園からの依頼広告やら、運動会、記念行事のプログラム広告等、付き合い広告が多い。

そこで自主的な広告が書店にないか考えてみたい。基礎商圏半径５００ｍ、二次商圏１５００ｍから考えると狭告をするほうが書店には相応しいのではないか。よく知っているお客様、近間のお客様にダイレクトメールしたり、ポスティングした方が、あの書店からのビジネスレターかと親近感がわく。書店の宣伝は情報伝達的な要素が強いから、行きつけの書店からの宣伝であれば、情報告知、生活提案として身近に受け取ってもらえる。すでにメールで告知をしている書店も多い。ＳＮＳを使っている書店も多い。是非実行して頂きたい。

従来の付き合い広告的な宣伝では、対象も内容もおざなりになりがちである。〝狭告〟となれば狙いはつけやすい。宣伝は不特定多数ではなく、特定少数のほうが効果は期待できる。

地域社会で、同じ商店街でやる気十分の商店主がいたら、タイアップを考えれば、郵送費は半額になる。自店の名簿を公開する一面もあるが、反対に他業種のお客様の紹介を受けることになる。地域他業種と連携販売することは商店街にお客様を呼ぶことになる。シャッター通りの汚名返上には、やる気のある商店主の結束が必須条件である。行政に働きかけることも重要なファクターである。

最後に絶対やって欲しいことがある。それは地域出版物が発行されたときには、書店が該当出版社に連絡、地方紙の広告を依頼することである。かならず、地方紙記者は記事を書いてくれる。著者にも連絡が必要である。販売先の紹介が期待できる。

〈ほめる〉

ＭＪ（日経流通新聞）にキャバレー王・福富太郎さんのことが書かれてあった。内容は朝礼の時の客をほめる話である。

客の姿、容姿、ドレス、何でもいいから喜びそうなところを見つけて、徹底的にほめろというのだ。どうしてもほめるところがない人がいるかもしれない。そういう人に対してはネクタイをほめろ。それも一度ではなく、二回、三回と続けなさいという。人間の心理をついた、さすがキャバレー太郎の言葉だと思った。

日常、店にいてお客様をほめることを意識することは少ない。過日、店頭でこんなことがあった。児童書売り場で、こどもの本選びに付き合っていたお母さんが、待ちくたびれて平台の本の上に腰かけていたのである。さて、どうしたものかと、一瞬考えてしまった。相手の気持ちを傷つけずに立ってもらう方法は……「奥さん、本に腰掛けると美人が泣きますよ」と言った。奥さんはにこにこしながら、〝すみません〟といって気持ちよく立ってくれた。その後、こどもを促して何冊も本を買って下さった。

お客様をほめることは難しい。しかし、心がければできないことはない。ほめ言葉は一種の対話であって媚びることではない。女性であればファッション、着こなし、趣味の良さ等着眼点である。こどもであれば、可愛らしさ、利発さ、素直さ等を褒めれば親も悪い気はしない。ほめる相手、タイミング、ほめ方は時と場所によって変化する。商売の中には、ほめ言葉を取り入れることによって人間関係が円滑になり、販売促進に役立つならば、どんどんほめる側に回ろうではないか。

人の長所を見て、付き合えと先輩からよく言われる。これは人の長所を見習えということであって、人生修行に大切なことである。従業員にも同じ気持ちで接したいと思う。ほめることは相手を尊重し、思いやりがなければ発せられない言葉である。自己管理ができていないと自然に口をついて出てこない。したがって、ほめ言葉は自分の心が鏡に映った時、ごく自然に出るものだと思う。尊敬は年齢に関係ない。上司、部下、目上、目下に関係ない心理が尊敬感だと思う。

〈人を動かす〉

創元社のロングセラーに『人を動かす』がある。社員教育のテキストとして著者が〝人間関係に役立つ書物〟として書かれた本である。したがって、お客様との人間関係、従業員との人間関係を円滑にするために最適の本といえるだろう。四部作である。

①人を動かす三原則
・批判も非難もしない。苦情も言わない
・率直で、誠実な評価を与える
・強い欲求を起こさせる

②人に好かれる六原則
・誠実な関心を寄せる
・笑顔で接する
・名前は当人にとって、最も快い、最も大切な響きを持つ言葉であることを忘れない
・聞き手にまわる
・相手の関心を見抜いて話題にする・重要感を与える――誠意をこめて

③人を説得する十二原則

・議論に勝つ唯一の方法として議論を避ける
・相手の意見に敬意を払い、誤りを指摘しない
・自分の誤りをただちに快く認める
・おだやかに話す
・相手が即座に〝イエス〟と答えられる問題を選ぶ
・相手にしゃべらせる
・相手に思いつかせる
・人の身になる
・相手の考えや希望に対して同情を持つ
・人の美しい心情に呼びかける
・演出を考える
・対抗意識を刺激する

④人を変える九原則

・まずほめる
・遠回しに注意を与える

・まず自分の誤りを話した後、注意を与える
・命令をせず意見を求める
・顔を立てる
・わずかなことでも、すべて、惜しみなく、心からほめる
・期待をかける
・激励して、能力に自信を持たせる
・喜んで協力させる

フランスの哲学者、ラ・ロシュフーコーの言葉に「敵をつくりたければ、友に勝つがよい。味方をつくりたければ、友に勝たせればよい」がある。日常の商売は、限られた従業員で多くのお客様に接することであり、また店の中の人間関係にも心くばりをしなければならない。わが身を低いところにおくことが一番である。

〈口にしないほうがよいこと〉

商人は商品を売ることが仕事だが、お客様とおしゃべりすることも重要な仕事である。『全国書店新聞』のコラム〝本屋のうちそと〟で書店の挨拶語として「いらっしゃいませ」「有り難うございました」が述べられていたが、これこそ商売の基本であって、絶対に口にしなければならない。

反対に、接客に際して言ってはならない言葉、言わないほうがよい言葉がある。明屋書店（本社・松山市）では「品切れ」という言葉は禁句である。お客様から商品を尋ねられた時に、たとえ品切れがわかっていても、すぐに「品切れです」と言わずに、ストッカー、棚をあたってから「申し訳ありません。ただいま、品切れです」と丁重にお詫びする。接客上の演出であって、間をとる商法である。紋切型に、かつ大声で「品切れです」と言うのは、販売上工夫が足りないことになる。

また、細心の注意を払いたいこととして、お客様の勘違い、記憶違いがある。「川端康成」の『路傍の石』を下さいと言われたときに、黙って山本有三の『路傍の石』をお見せすることがお客様に対する配慮である。お客様の間違いを人前で訂正することは、相手の心に傷をつけ、また一人のお客様を失うだけである。

先日もこんなことがあった。40代の女性から堺屋太一の新刊書について質問を受けた。早速『知価革命』をお見せしたが違うと言う。書名がうろ覚えで、何でも『……』だと言う。ああ、その書名ならこれだなと思って、山田太一の『……』をお出ししたら、案の定そうであった。

われわれの周りにはこれに類することは多い。特に本人以外のお客様の場合、つまり頼まれてきた人や、高齢者、こどもには十分注意してあげたいものである。知ったかぶり、知識の披瀝は店頭では歓迎されないのである。

　お客様の服装、容貌、持物、くせ等について店内でおしゃべりしてはならぬことは常識である。お客様が帰られたあとでも聞き苦しい会話であるから、すべきではない。その他お客様との会話の中に業界用語、専門用語は入れないほうがよい。買切だから、常備商品だからといっても、お客様はただぽかんとするだけである。

第四章　顧客満足のために

〈接客マニュアル〉

第三次産業の営業時間は総じて長時間営業になっている。深夜、終夜営業も珍しくない時代である。商業施設の大型化も時代の要請である。長時間、売場拡大傾向のなかで、労働力には限度があるので、サービスの均質化を図るのは大変である。ベテラン、新人に関係なく会社が期待するサービスを発揮してもらうためには、会社独自のマニュアルが必要になる。接客マニュアルについて箇条書きでふれてみよう。

——接客マニュアル——

①客待ち時間の待機の仕方について
②接客の六大用語について
③顧客への声掛け、呼び方について
④尊敬語、謙譲語が使えるように
⑤駐車場誘導について
⑥アプローチについて
⑦対応の要領について
⑧売場案内の仕方について

⑨順番の原則について
⑩緊急時対応のしかたについて
⑪お客様の質問の処理について
⑫苦情の承り方について
⑬不良品（乱丁、落丁本）の取り扱いについて
⑭商品の取り換えの扱いについて
⑮電話の受け方、かけ方について
⑯万引予防について

〈仕事の意識づけ〉

同じ仕事をするなら工夫して仕事をしようと先輩から言われた経験をどなたもお持ちだと思う。作業と仕事の相違の説明を受けたこともありはしないだろうか。流れ作業という言葉からもわかるように、無意識的に、自分の意志なく働くことが作業であり、仕事とは自分から意図的に働くことである。仕事を探す、仕事をする言葉の中には積極性が含まれている。

さて日常、仕事をする際、どんな心構えで前向きに対処したらよいのか考えてみたい。そこで仕事の意識づけを七つあげてみた。

①顧客意識

業種に関係なく、物品販売であれば必ずお客様を相手とする。これは顧客ニーズであり、顧客志向であって、顧客不在の商売は成立しない。給料は社長がくださるのではなく、利益をもたらしてくれるお客様がくださるのである。お客様の趣味嗜好を知ったり、住所氏名を知ることも顧客意識の現れであって、お客様を大事にして、育てていこうとする気持ちを持ちたいものである。

②原価意識

われわれの周囲はすべてコストがかかっていることを認識することである。書店で使用する包装用品、例えば販売袋、ブックカバー、包装紙は一枚何円という原価がかかっている。つまり販売経費として現金は社外に流失している。コストの安い包装材料を選んで使用すれば、販売経費率は低下して利益はあがる。

省エネを反映し、節電のため冷暖房の温度調節をこまめにすることもコスト低下につながる。形のあるものは節約しやすいが、無形のもの、例えば時間などは見落としがちである。一人一人時給から割り出して一分いくらという計算はできる。時間の浪費はコストを上げることに等しい。原価意識を強く持って無駄を無くしたい。

③改善意識

人間と動物の違いは道具を使うかどうかである。同じ仕事をしても、能率的であったりするもとには、どうしたら上手にやれるかという気働きがあるからである。つまり進歩発展させようとする気持ち、改善意識が根底にあるからである。仕事は意識的にすべきである。目的意識、成就意識を持てば必ず改善意識が芽生え、仕事をうまく運ぶことが出来る。

④集団意識

人間は環境に支配されやすい。また感情的でもある。毎日働く環境が楽しくなかったならば、１００％能力が発揮されることはない。不満や要求心が出て、被害者意識が募ってくる。職場は集団であるから、チームワークが一番大切である。楽しい雰囲気、明るい職場になるためには、職場を大事にする気持ち、職場を優先させる気持ち、職場を育てる気持ちがなければならない。全体のなかの個人の自覚と責任を意識して行動したい。

⑤安全意識

日常生活のなかで恐ろしいことは、危険と不安である。いわんや職場内においては許されることではない。お客様を迎えて、安全を保つことは当たり前のことである。

しかし、ややもするとこの当たり前のことが守られない。例えば、滑りやすい階段、見えにくいガラス、落ちやすい宣伝物、暗い出入り口等々ある。店内においては、各人が安全確保に十分気を付けてもらいたい。

⑥ 美意識

仕事の中で美を意識することは大切である。ポスター一枚貼るにしても、商品陳列にしても、美しく形づくることは楽しいことである。美意識は難しいことではない。整理整頓と考えてもよい。サービス産業では施設のクリーンネスである。CVSが繁栄しているる原因の一つはクリーンネスがあるからである。売場が清潔であること、整っていることは買いやすさ、探しやすさにつながる。結局は売上げを生む。

⑦ 教育意識

教育意識は経営者、店長、幹部社員に求められる意識である。店長は社長と社員をつなぐパイプ役の立場にある。店長に求められることは、予算達成と労務管理である。労務管理は人を育てることである。店長は部下を育てる責任があるので、常に教育意識を持たなければならない。部下から見れば、上司に教えを乞う気持ち、つまり向上心を持って仕事をすることである。まさに企業は人材である。

仕事の意識づけのなかで、特に重要な意識と問われれば、顧客意識、原価（コスト）意識、教育意識に絞られる。一つだけとなれば教育意識である。なぜならば、顧客、原価意識は現実的成果であるのに対し、教育意識は将来的成果を期待するからである。

〈クレームを探せ〉

顧客に満足を与えるためには、顧客にフラストレーション（不満）を持たせてはならない。不満の現れがクレームである。クレームを経営示唆と前向きに考えよう。

伊藤智力著『オレはゴキブリだ—顧客第一主義の研究—』の中にクレームについて触れた部分があって大変おもしろい。クレームは恥ずべきこと、隠すべきこととして通用しているが、実際に商売上これでよいのだろうか。クレーム処理は顧客を得る絶好のチャンスという人もいる。これはクレームを恐れることなく、正面から取り組むことの重要さを言ったものである。そこでクレーム処理の五原則を考えてみよう。

①最優先の原則

クレームの発生は、いつ起こるのか予測がつかない。忙しい時に起こる、人手不足の時に限って発生するといった皮肉な現象が多い。したがって、クレームが発生すると余計な仕事ができたと、迷惑がるのが一般的である。

クレームを喜ぶ商人などいない。クレームの発生によって仕事の段取りが狂ってしまうために、クレーム処理は敬遠される。しかし、お客様に迷惑をかけたこと、不愉快な思いをさせたことは消えない。何をさておいても、最優先でクレーム処理に当たらなければならない。会社の都合、自己の都合など考えてはいけない。お客様第一主義を徹底しよう。

②上位者の原則

クレームは販売の現場で起こることが多い。したがって、その場に居合わせる人は販売第一線の人で、会社幹部や役員がいることは少ない。販売経験も浅く、お客様の応接も未熟である。クレームで双方が感情的に高ぶっている時に、若手では所詮無理である。クレームの大小に関係なく、事の重大さを感じて、当事者にまかせないで、上役がクレームの処理にすみやかに向かうべきである。会社としての責任を十分に感じて、上位者がお客様に深々と詫びることが、商人としてとるべき態度である。

③顧客本位の原則

店はお客様のためにあるという名言をいま一度考えてみよう。給料は社長や会社がくれるものではなく、そのもとはお客様が商品を買ってくださるので給料をいただくことができる。クレームはこじれると問題処理が複雑になってくるが、こちらの都合を考えずに、採算を度外視して、クレームに対処することが、顧客本位のクレーム処理である。顧客に対する商人の態度がクレームの時に一番よく現れる。会社の誠意、真面目さを感じたお客様は心からその店の顧客になる。クレームは最大のお客様をつくるとはこのことである。

④報告の原則

クレームは起きないほうがよい。そのためにクレームはとかく隠したがるものである。小さいうちに処理すれば大事に至らなかったクレームが、すっかりこじれた状態になって報告され、現場レベルでは済まされなくなって、社長の登場となるケースがよくある。これはどんな小さなクレームでも報告する習慣がないからである。

クレームはお客様の有難い助言であることを胆に銘じよう。クレームはその店に対する最後の忠告のこともある。クレームをトップの次元まで引き上げ、会社経営に役立たせようではないか。

⑤無処罰の原則

クレームをオープンにして経営に生かす方針を持つ以上、クレームの当事者を罰してはならない。起こってしまったものは仕方ない。繰り返さないことと、これを踏み台にして良い店づくりをしてもらいたい。

報告の原則を徹底するからには絶対に当事者を責めてはいけない。これはクレームを恐れない体質をつくるにあたって重要なことである。クレームはその店のコンサルタントであることを銘記しておきたい。

〈店頭原則集〉

店頭は商店の売場のなかで玄関に相当する大切な場所である。整理整頓と並んで感じの良い応対が要求される。そこで店頭接客について考えてみよう。

①平等の原則

お客様はすべて平等と頭でわかっていながら、行動で不平等な態度を示すことがある。例えば、週刊誌お買い上げのお客様に対するおじぎと、高額商品お買い上げのお客様に対するおじぎが同じであるかどうか。人間の心理として高額商品のお客様のほうが上客と思いたくなる。しかし、お客様はすべて平等であるから、そう考えること自体がおかしい。この点、ホテル、旅館の客の送迎は平等である。おじぎの角度が一定で、お客様によって変えることはない。こどものお客様は大人と平等に取り扱わぬと、思わぬところで仇をとられる。それは、こどもが親に報告するからである。家族ぐるみお客を失う結果になる。職業、服装、学歴、身分などで、意識、態度が変わるなどは最もいけないことである。

②順番の原則

お客様に接するに当たって、順番に応対するのは当然のことである。ところが意外に守られていない。先に来て待っているお客様が後回しにされたのでは面白いはずがない。

これではお客様を失う商売をしたことになる。特に気をつけなければいけないのは、こどものお客様である。ないがしろにしたつもりはなくとも、脇でみている親にしてみると、こどもだから後にまわされたとひがみ根性でみるからだ。順番はレジ周辺が混雑してきた時ほど気をつけなければいけない。

③先き悪の原則

接客に対面販売はつきものである。お客様は店頭の説明に満足して買物をする場合が多い。したがって、説明の良し悪しが販売の鍵となる。もし悪かった時には買い物をなさらずに帰るであろう。説明の方法が不十分で帰られたとすれば改めて勉強しよう。

あと悪の説明で帰られるお客様も多い。これは商品説明の際、悪いことを先に言い良いことをあとに言う説明方法である。例えば、「この辞書は少々値段が高いですが、説明が詳しいのでよく売れています」と言えばよい。これを逆に言うと、値段の高いことだけが印象に残ってしまう。悪いことは先に言ってしまう販売方法である。

④空間の原則

心理学的に言うと空間には三種類ある。理性の空間、愛情の空間、恐怖の空間である。まず理性の空間であるが、これは教室風景を思い出していただけばよい。教師と生徒が向かい合っている。この空間で商品説明をしても親密感がわかない。愛情の空間がよい。喫茶店で恋人同士は横に並んで座る。お客様の脇で説明するほうが、親近感がわく。お客様を引き込む一方法である。恐怖の空間とは前後の空間を指す。店内では絶対にお客様に対して後ろから声を掛けてはいけない。

⑤20秒の原則

仕事は迅速正確でなければならない。人間の心理として人の行動の遅いのは気になるものである。公認野球規則八条四項には、走者がない時は20秒以内に投げないと〝ボール〟と宣告されることが記されている。書店店頭でもこの法則で行きたいものである。

⑥左手の原則

店頭ではお客様から色々質問を受ける。この質問に対し、陳列場所を聞かれた場合はその場所までご案内することが一番よい。書店サービスの中で読者に一番感謝されるサービスである。その動作が出来ぬときは左手を使って該当場所を教えて欲しい。

右手の人差し指で指してはいけない。なぜかというと、右手を使うと行動が粗野になりがちである。ふだん使わぬ左手を使った方がソフトだからである。

⑦プラス発想の原則

人間には性格的に陽性な人と、陰性な人がいる。このタイプは考え方にも現れる。

例えば〝この本売れるかね〟という社長の質問に対して、「高いから売れない」「この客層はうちにはいない」等々販売に対しても否定的な答えをする店長がいる。これとは反対に「○○さんに当たってみましょう」「少し売り歩いてみましょう」と積極的な姿勢を示す店長もいる。店内のＰＯＰにしても「本の上に鞄を置かないで下さい」と書くよりも「鞄はレジでお預かりします」の方が感じがよい。〝レジでの両替お断わり〟より〝両替はレジをご利用ください〟の方が遥かによい。

⑧両手両足の原則

レジで代金授受の際、心掛けてほしいことに両手両足の原則がある。特に商品をお渡しする時に必ず両手でお渡しいただきたい。なぜかというと、両手でお渡ししようとすれば、足はいやでも両足がそろう。つまり両手両足がそろえば自然と頭が下がるのである。

これが真心販売である。この書店に誠を感じる。本の上に真心をのせて販売して下さい。

⑨偶数の原則……適正数の原則

人にはくせ、商売には習慣がつきものである。仕入れの面でも現れる。注文単位でも一冊、三冊、五冊、十冊……と増えるに従ってきめは粗くなる。なかなか四冊とか六冊という注文はしない。そこで自分の欲しい数をそのまま主張するくせを身につけたいと思う。偶数の原則は適正の原則といったほうがよいかも知れない。

⑩先手必勝の原則

経営戦略において先手必勝は重要な手段である。店頭においても機先を制することは大切である。やさしいことばかりやっていたのでは、判断力もリーダーシップも向上しない。商売の基本は自ら進んでやることによって、この仕事がお客様に感動を与え、信頼に変化していく。その結果成功への道が開ける。

〈顧客志向がないと客数は増えない〉

商店の売上げは、客数×客単価×買上げアイテム数である。もう一つの見方である売上は、固定客×新規客である。つまり客数が売上げのベースになっている。

繁盛店はお客様の入りの多い店であり、反対に不振店はお客様の集まらない店である。

人間は感情的な動物であるから、感情の波長の合わない店には行かない。反対に少々遠くても感じの良い店には行き、この店が行きつけの店となる。この店にはお客様への配慮があり、顧客を意識した商売をしている。不振店の客数の少ない原因を分析してみよう。

①感じが悪い

・お客様への関心が薄い
・入店時の挨拶がない
・顧客にサービスしようとする気がうかがえない
・接客態度が悪い、親身さがない

②品揃えが悪い

・商品の絞り込みができていない
・商品の陳腐化が激しい
・商品のメインが不明である

③商品の質が悪い

・仕入管理ができていない
・商品管理ができていない

④店舗の印象が悪い
・店内が汚い、暗い
・店の内外に危険な箇所がある
・トイレが汚れている

⑤販促が悪い
・陳列が下手である
・広告政策がない
・演出が下手である

また逆に繁盛店に共通する要因をあげてみよう。

①名物社員がいる
②お客様の名前をよく知っている
③お客様の好みをよく知っている
④お客様の手助けをしてくれる
⑤店に賑わい性がある
⑥友達感覚で接してくれる

⑦商品がよくそろっている
⑧前に購入した商品の利用確認をしている
⑨通行客の入店率が良い
⑩私的な手紙を出している

第五章

商売にとって顧客とは

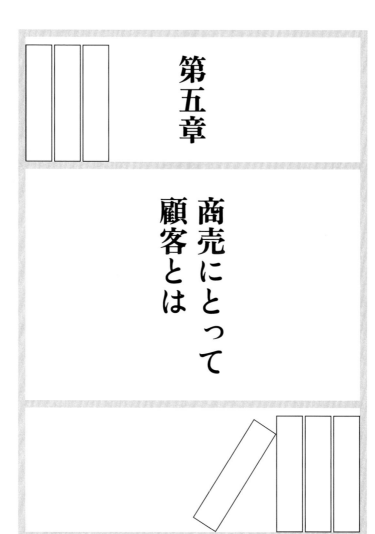

〈商売を見直すチェックポイント〉

船井幸雄氏はその著書「流通が変わる日本が変わる」のなかで、中小小売店の経営者に対し、商売を見直すチェックポイントを掲げている。

①地域や地元の消費者は、皆様のお店を認知していると思いますか？
②地域の消費者は、お店の何に感動していると思いますか？
③地域で何人の特定客を持っていますか？
④特定客のなかで上得意客はどのくらいいますか？
⑤顧客からお店への要望や期待することを聞くことを定期的にやっていますか？
⑥お店の商圏を的確に把握したり設定していますか？
⑦その商圏の中で、競合店と比べてひけをとらない品揃えをしていますか？
⑧特定客を中心にお客様に、定期的に自店の強みや特徴をアッピールしていますか？
⑨三年後、五年後のお店の姿やご自分の商売の姿をはっきりと描いていますか？
⑩成功しているお店や繁盛店、異業種の事例から直に学ぶ姿勢を持っていますか？

商売は生きものである。それはマーケットが常に変化している流動的な生きものであるから、そこで商売をする人間はそのマーケットの変化に対応しなければ、顧客、読者に飽きられてしまう。顧客に満足を与えることが至上命令になってくる。顧客満足の良い例と悪い例を次にみてみよう。

〈ＭＫタクシーの例〉


ＭＫタクシーは京都のタクシー会社である。タクシーに乗ると、

〝「有り難うございます。ＭＫの○○（名前）です」

「どちらまでいらっしゃいますか？はい、かしこまりました」

「有り難うございました。お忘れ物はございませんか？」

この言葉が一言でも欠けていた場合は、料金はいただきません〟

こんな表示が車内にある。徹底した顧客志向である。ＭＫタクシーでは、車内に傘やストッキングを積み、急な雨や靴下の伝線の時に、希望者に販売している。いざという時には喜ばれるサービスである。


〈松下電器の商売戦術〉

昭和10年に発表された〝松下電器の商売戦術〟は次のようなものである。
第一条　商売は世の為、人の為にして、利益はその当然の報酬なり。
第二条　お客様をじろじろ見るべからず、うるさくつきまとうべからず。

第三条　店の大小よりも場所の良否、場所の良否よりも品の如何。
第四条　棚立上手は商売下手。小さい店でゴタゴタしている方が却ってよい場合あり。
第五条　売る前のお世辞よりも、売った後の奉仕、これこそ永久の客を作る。
第六条　お客様の小言は神の声と思って、何事も喜んで受け入れよ。
第七条　百円のお客様よりは、一円のお客様が店を繁盛させる基と知るべし。
第八条　無理に売るな、客の好むものを売るな。客の為になるものを売れ。
第九条　品物の取り替えや返品に来られた場合は、売った時より一層気持ちよく接せよ。
第十条　自分の行う販売がなければ会社が運転しないという自信を持て。それだけに大なる責任を感ぜよ。
第十一条　紙一枚でも景品はお客を喜ばせるものだ。つけてあげる物のない時は笑顔を景品にせよ。
第十二条　絶えず美しい陳列で、お客の足を集めることも一案。
第十三条　品切れはお店の不注意。お詫びして後「早速取寄せてお届けします」とお客の住所を伺うべきである。
第十四条　子供は福の神。子供連れのお客、子供が使いに来ての買い物には特に注意せよ。
第十五条　店先を賑やかにせよ。元気よく立ち働け。活気ある店に客は集まる。
第十六条　毎日の新聞の広告には一通りの目を通しておけ。注文されて知らぬようでは商人の恥じと知るべし。

第十七条　商人には好不況はない。いずれにしても儲けねばならぬ。

半世紀以前に発表されたものであるが、今日流通業界でも十分通用するものばかりである。商売の基本、真髄は時間の経過に左右されない。

〈閉店まぎわの例〉

次にあげる例はお客様不在の例である。自分本位の商売をするとこうなってしまう。顧客は店を選ぶ天才であるから、注意したいものである。

書店の閉店時刻は店によって異なり、閉店時の風景はさまざまである。

ＰＲ誌『商業界スクランブル』にこんな話がのっていた。ある人がＪＲ・地下鉄の交差するターミナル書店で八時閉店にぶつかったそうである。二冊の単行本を持ちレジ（二か所ある）に並び、いよいよ自分の番。アルバイトらしい若い女の子がスリップを抜いて読み上げると、彼女より少し年配の女性が「２４００円です」と言い、支払いをすませた。そこまでは良かったが、その若い女の子は本にカバーもかけず、袋にも入れず、レシートとともに渡したという。唖然とした本人は遠慮がちに「あのー、すみませんがカバーかけてくださいますか?」と、ところが彼女は「他のお客様がお待ちですから」と言う。確かに六、七人のお客が並んでいた。「じゃあ、袋をください」「そのバッグに入りませんか?」と言う。これ以上彼女に何を言ってもわかってもらえないだろうと思い、裸のままの本を受け取ったそうな。先輩らしい女性は次のお客にかかってしまい、何の発言もないまま。帰りにもう一方のレジ脇を通ると、そちらでは一冊一冊にカバーをかけながら丁寧に接客していたので、本人は二度ビックリ。もうあの書店では絶対に本を買わないぞ、と決心しつつ家路についた。

書店にとって反省材料の多い話である。あらかじめ混雑が予想されるのに、臨戦態勢ができていない風景である。閉店時は客さばきが優先されて接客無視の状態になりやすい。

しかし忙しいのは手先だけで、口はひまである。一人一人に〝お待たせしました。ありがとうございます。〟はいくらでも言える。自分の番になった時、この一言で癒されるものである。どんなに混雑しても声をかけることで相手がなごむのは接客の心理であり、基本である。

お客様からみて五大好印象がある。挨拶、表情、身だしなみ、言葉づかい、態度である。日本出版販売編集・発行の『書店手帳』に、「お客様によろこばれる10カ条」が載っているので記してみよう。

①明るく挨拶、返事ができる
②清潔で感じがよい
③きびきび動き、すみやかな応対

④お客様の名前や趣味をよく覚える
⑤よい聞き手になれる
⑥感じよい正しい言葉遣いができる
⑦お客様の苦情を素直に聞ける
⑧子供やお年寄りにていねいでやさしい態度
⑨商品について常に勉強している
⑩いつもお客様の満足を考えている

〈顧客の読書を考える〉

人間この世に生を受けて、10カ月もすれば本を見る視力も得られ、また本能もできてくる。一方、老人ホームで楽しそうに読書にふける老婆を見かけることもある。人それぞれ読書を必要とする動機は異なるであろうが、読書の効用は同じではないか。大別して三つある。

①インフォメーション的読書

この型の読書が一番多いと思う。毎日新聞社が毎年秋の読書週間の時に調査する〝あなたは何の目的で本を読みますか〟の設問に対して、一番多い答えは、実務のため、教養をつけるためにである。本来、読書行為の要素は三つある。リーダビリティ（読みやすさ）、アクセスビリティ（近づきやすさ）、インタレスト（興味）である。

②レクレーション的読書

娯楽的読書というと言いすぎになるかもしれないが、習慣的読書といえるほど、精神を癒してくれる読書である。机に向かって読む重読書に比べ、軽読書の場合が多い。

③インスピレーション的読書

情緒的読書というか、余裕派読書というか、人間の潜在的、内在的欲求を充たしてくれる読書のタイプである。

前述した毎日新聞の読書調査に「あなたの本を買う動機は」という設問がある。その答えの第一位は書店の棚で見たからである。以下すすめられて、書評を見て、と続く。読者と本の出会いは断然書店である。つまり書店に来るほとんどの読者は情緒的読書型の人が多い。読む気（買う気）を起こさせる陳列、セールス、ＰＯＰを今一度見直そう。

ＮＨＫのＢＳチャンネルで、〝名作・平積み大作戦〟を放映していた。コメンテーター二人にあなたのすすめる名作を一点紹介してもらう。そしてその本の成り立ち、推薦する理由を述べてもらう。会場には50人の若い男女が読者の立場としている。コメンテーターの解説が終わると。「いまのコメンテーターの話を聞いてあなたは読んでみようと思いましたか」

の質問に対して一斉に各人がボタンを押す。その場で集計される。若い人の読書ばなれがいわれ、名作は過去の本として忘れさられている。しかし若者は「読んでみたくなった」と35～45人が反応していた。

その会場に三人の書店人が出席している。彼らはコメントを聞いて「自分の店の平台に並べますか」の問いに対して、「一点だけ平台します」「二点とも並べます」の回答をするが、「並べません」という書店はなかった。50人はその名作をほとんど知らない人が大多数であるのに対し、書店人は売る立場にあり、また専門家として名作は皆知っていた。

最後にみそがある。それはコメンテーターが書店の立場になって、「自分ならばその平台にこういうPOPを立てます」といって、POPが発表される。そして一週間後の売れた冊数が報告されて、番組は終わる。

ニュージーランド・オークランドのホイットコール書店で目にした光景である。その書店では壁面六段に当店のベストセラーが棚に面陳列されている。それぞれにPOPがつけられている。その隣にレコメンド・コーナー六段がある。このコーナーは当店の推薦書コーナーである。推薦者の推薦コメントがPOP化されている。後者の方の棚の前がずっと混んでいた。書店はこのように提案販売しなければいけないと思った。

〈読者のニーズを探せ〉

読書は個人行為が中心であるが、集団読書といったグループによる本読みも盛んである。小中高校で全国的に実施されている朝の読書は一斉読書である。このキャンペーンによって中高校生の無読者が減りつつあることは良いことである。ちなみに平成17年11月28日現在実施校は二万六六三校（小中高、実施率53％）である。

本を売る立場から、読む立場に替わった時、書店としてどう対処しなければならないか、考えてみよう。本が買われるパターン五型についてみてみよう。

①買う必要にせまられて（読書訴求型）

明らかな目的買いである。読者の購買意欲が強いために、書店では売れていると錯覚し、サービスに欠けることが多い。

②習慣的な買われ方（習慣訴求型）

無意識な買われ方が多いので、販売も消極的である。書店では安定したお客様、固定客であるから、最も積極的に販売しなければいけない顧客層である。

③何となく買う衝動買い（店頭訴求型）

楽しさを満足させるために気の利いたＰＯＰ、笑いを誘うコメント、洒落た陳列、キープクリーン、品そろえの豊富感があれば、読者は思わず買ってしまう。

④贈り物として買う（幸福訴求型）

誕生、結婚、出産、入学、就職、新築、合格、長寿、人生のなかで相手を尊敬し、励まし喜び合うチャンスの買い物である。本がその仲立ちをしてくれることは、書店として嬉しいことである。ギフトの相談に大いにのろうではないか。

⑤教養支出として買う（教育訴求型）

家計の中で教養費、娯楽費、光熱費……と仕訳されるなかで、教養費許容金額の決定の権限は主婦の場合が多い。全部が本にまわるとは限らないが、母親がこどもにいだいている教育訴求度は極めて高い。母親に好かれる書店になって、実売に結び付けたいものである。

〈お母さんをつかまえて〉

東京こども図書館から『お話のリスト』が発行されている。47編の本が紹介され、１０９話が載っている。この本のミソは対象になる聞き手の年齢と所要時間（5～20分が大部分）

が書かれていることである。さらにこわい話、おかしい話、小さい子に向く話、魔女・ばけもの・妖精などの話、大男・鬼・小人などの話などと分類されていて、便利である。

こどもの読書好きは母親の語り聞かせによるところが大きい。読み聞かせに向く本を書店がそろえて（わざわざ仕入れなくても、あなたの店頭の書棚に一杯あります。気づかぬだけです）若いお母さんが見えたらおすすめしたいものです。と同時に若いお父さんにすすめることは時代の要請です。お願いします。

全国学校図書館協議会が以前に、こどもたちに「楽しいと感じるとき」という質問を出した。小・中学生が答えたトップはゲームをしている時、テレビを見ている時であり、高校生は音楽を聴いている時であった。次いでマンガを読んでいる時が全体に共通した答えであった。こどもたちは面白くなかったら本は読まない。娯楽的な読書が主流である。どんな読書傾向になるかは母親の指導による点も大きい。その母親に情報を与えられる立場にある書店は街の読書指南といえるのではないか。育児休暇の取れる時代になった。父親にも接近しよう。

〈本の現住所と本籍地〉

書店店頭の読者を大別すると、目的を持って入店する読者と、無目的ながら書店に入り、滞在中に本を発見する読者とに分けられる。これは一種の消費動向のパターンであって、買い回り消費者と最寄り買い消費者に分類できる。書店の場合、買い物というイメージが妥当かどうか問題であるが、出版物の販売の立場からみれば立派な買い物である。

書店で読者という時には、往々にして入店者ないし購読者を指す。そこで入店者調査について触れると、書店では入店客層を、こども、中高校生、主婦、ＯＬ、サラリーマン、高齢者等大づかみな入店対象である。セブン‐イレブンでは19歳以下、29歳以下、49歳以下、50歳以上の男女８分類である。書店では客層重視に対して、ＣＶＳは年齢重視がわかる。出版社の愛読者カードによる購読者の職業分類は、読者自身の申告記録によるものと、出版社の指定した分類によるものと二通りに分かれる。指定による一例は次の様なものである。

１小学生　２中学生　３高校生　４大学生　５教職員（小中高大）　６会社員・公務員（一般職）、７会社員・公務員（管理職）　８経営者・役員　９専門・自由業　10商工自営業　11農林漁業　12家庭主婦　13その他

これに対し出版科学研究所の職業分類は次の通りである。

１販売・サービス従業員　２技能的・労務的職業　３専門的・技術的職業　４管理職　５事務従事者　６商店主・工場主　７主婦　８高校生　９大学生　10無職

以上の10分類である。

販売の実態は現状ではPOSレジによって即日毎日把握できる。最も多くなされるのは部門別の販売データである。取次主導型の部門は次の通り。

1雑誌　2コミック　3児童書　4実用書　5地図・旅行書　6ビジネス書　7文庫　8新書　9文芸書　10学参・辞書　11コンピュータ書　12専門書　13その他　である。

図書の分類には図書館で用いている日本十進分類法（NDC）があるが、出版界、特に書店店頭ではそのまま利用できない。図書館の分類は番号化された本をどこか一か所に決めなければならない。つまり本籍地の決定である。

それに対して書店の分類は流動的であり、読者と出会う場所に陳列、配架するのがよい。読者のために行う分類である。つまり現住所分類である。それを無視すれば読者に対しアンマッチな書店になってしまう。

もう一つ書店独自の切り口の配列がある。これは分類でもない。本には現住所と本籍地の二面性がある。図書館の分類・配架は本籍地の決定である。本籍地は学問的な地番決定である。書店の現住所陳列は読者志向、時代志向、話題重視の考え方である。例えばイラクの地図がイラク・イラン戦争の時に発売されれば、本籍地は地図ガイドの場所であるが、販売上は新刊書、話題書コーナーになる。二か所陳列が望ましいし、顧客に満足していただくためには、商品の時事性を重視しなければならない。

〈書店のレファレンスワーク〉

書店に必要な柱としての商品は以下のものが考えられる。

1基本商品　2流行商品　3季節商品　4地域商品　5専門商品　6開発商品　7独自商品

これらの商品を読者が選択しやすいように、陳列することが読者のための陳列である。

書店では読者からの質問が多い。繁盛店ほどその例にもれない。公共図書館にあるレファレンスサービス機能は書店にもあってよいと思う。読書相談コーナーであり、読書案内コーナーである。現在は店全体が相談承り所である。書店によっては店内庶務、店頭庶務として読者との接点の場にしている店もある。読書の交差点であってもよい。図書検索はその手始めである。

筆者の経験ではニューヨークのオックスフォード書店で、出版関係の書誌を質問したら、レジ脇のレファレンスコーナーに連れて行かれた。そこで数分待たされたが、A4判用紙三枚にコピーされたものを渡された。その手際の良さに驚いたが、もう一つ驚いたことがあった。それは1ドルですと言われたことであった。そこではじめて情報は有料なんだということを知り、自分の無知に腹が立った。良い経験だったといまでも思っている。

第六章

顧客にやさしい商売

〈高齢者にやさしい商法〉

少子化と同時に高齢化が定着、進行して、その極を迎えようとしている。商店街は衰退し買い物の中心は量販店になってしまった。足腰の弱った高齢者、運転免許を持たない人には近づきにくい商業施設である。世の中健常者ばかりではない。生来、遠出や外出を苦手とする人はいつの世にもいる。

高齢者は行動半径が狭い。自分の行く店が顧客満足であれば、わが町は住み易いと考え喧伝を忘れない。自分の街に誇りを感じるからである。

高齢者に共通することとして、動作が緩慢になる。レジ係の人の〝ゆっくりでいいですよ〟の一言で、どれだけ安心するであろうか。バスの運転手さんは、高齢者が乗車すると着席するまでは発車しない。商店でもこの精神を日常化したい。

足元不如意も高齢者の共通点である。若者ならば対応動作がとれるが、高齢者は転ぶのに身を任せるばかりである。すべり易い所には注意書きは必須である。高齢者は話の繰り返しが多い。話を聞く姿勢を持てば、その店に安心感と好意を持つ。

商店街によっては青年経営者が中心になって、御用聞き商法を行っている。高齢者に代わって買い物代行は結構なことである。読書好きの高齢者に本を勧めて、お届けしたいものである。高齢者の話し相手になってあげたり、一寸した便利屋になることもある。青年が高齢者に社会の風を送り込む役割を果たしている。フェイスｔｏフェイスの役割は大きい。

〈人にやさしい売場検証〉

障害のあるお客様、高齢者のお客様への対応は親切、丁寧は勿論であるが、相手の状態に合わせることがまず大事である。ところが商店には危険いっぱい、不便いっぱい、の場合が多い。どんな点があるか以下記してみよう。

①外側に開くドアは危険いっぱいである
②赤ちゃん向け絵本は、赤ちゃんが本をなめることがあるので、常に清潔に
③店内にむき出しになっている配電盤、消火栓等の金属の角にカバーをかける
④危険なＰＯＰ金具は使わない
⑤妊娠、名づけ、病気の本は棚の下段に
⑥コミックのシュリンク器材でお客様が火傷しないように、器材にカバーを掛ける
⑦こどもの目の高さの陳列に注意。こどもの目を傷つけないように
⑧平台の角は、高い陳列をしない
⑨掃除後、すべりやすくなった店頭、トイレ等には注意書きを出す
⑩児童書コーナーの通路は、乳母車、車椅子の通れる幅を確保のこと
⑪棚の高い段に、厚い本、重い本は陳列しない

⑫棚は八段が限度、手の届かぬ所には陳列しない（ステップ、踏み台があれば別）
⑬障害のあるお客様、高齢者と仲良くなるキャンペーンを。声掛けに慣れること
⑭棚差しはぎゅうぎゅうには入れない。一冊入る余裕をもたせる
⑮平台からはみ出した陳列はしない
⑯駐車場の金網破れに注意。よく見かける。早く直しましょう
⑰駐車場に置いてあるダストボックス、看板等、風に飛ばされない保護を
⑱駐車場はこどもも利用するので、安全対策を

〈アメリカの書店にみる顧客満足〉

１９８０年代アメリカの書店はＢ・ダルトンとウォルデンブックスの全盛時代であった。両チェーン店とも約１０００店前後の店を全米に配していた。当時、日本の書店の平均的な売場面積は20坪であった。海外渡航が自由になり、商業視察団がアメリカに行った。アメリカではショッピングセンター全盛時代であって、どこそこのＳＣが素晴らしい、いやサンフランシスコ郊外に駐機場のあるＳＣがあるなどの話に駆り立てられアメリカ詣でしたものであった。書店業界も同じで、西海岸の１００～２００坪クラスのＢ・ダルトンやウォルデンブックスを見学に行った。かく言う筆者もその例に漏れなかった。筆者が初めてアメリカに行ったのは１９７２年であった。ＮＣＲ本社がオハイオ州コロンバスにあった。そこで毎

年ＭＭＣセミナーが行われていた。期間は三週間で、セミナーの主題はアメリカ小売業の習得であった。人数は30名前後で、参加者の業種はいろいろであった。デパートの役員、衣料品店社長、スーパーマーケット経営者、玩具店社長等、種々であった。そのため食後の団欒の時などで話に花が咲いたものだった。

書店業界からの参加は少なく、筆者と書泉・小泉明夫店長と社員の三人であった。最初の一週間はコロンバスの研修センターで、朝九時から十五時までショッピングセンター理論、マーケティング論、消費者理論の勉強であった。階段式の教室、ＯＨＰを使った講義、資料、統計を駆使した講義、ヴィジュアルな授業展開に目を丸くするばかりであった。同時通訳のヘッドフォンを使用するので、言語障壁を感じることは全くなかった。日本人の中で英語で質問する仲間を見て羨ましく思ったことを覚えている。半分悔しさもあったが。コロンバス本社の講義は最初の一週間で終わり、その後はアメリカ東部のニューヨーク、シカゴ、ワシントンの商業施設見学と研修であった。

筆者は初めてのニューヨーク滞在一週間であった。見るもの、聞くもの、食べるもの、珍しいものの連続であった。セミナーの目的は小売業の勉強であったので、ＳＣの見学、専門店(特にＤＩＹ、トイザラス、食品、衣料、雑貨)の見学が主であった。筆者は合間を見て、ニューヨークでは書店を見て回った。ダブルデーも健在であった。深夜一時閉店であった。当時日本にはＣＶＳがなかったので小売業で二四時間営業や深夜営業をする店はなかった。アメリカ小売業のマーケットの深さを知った。

書店ではスクリブナーが輝いていた。荘重な店構えに風格と威厳を感じた。作家による定期的な講演会、サイン会、朗読会等の実施プログラムを見て、書店の存在感をこれほど強く感じたことはなかった。アメリカの書店の専門性をいやというほど見せられた。書店に働く人も読者もお互いに笑顔である。これは店内に会話が多く、お客様に満足してもらっている証であった。

三週目は西海岸に移り、サンフランシスコ、ロスアンゼルス、サンノゼを中心に郊外ショッピングセンターや街中のSC、デパート、量販店、専門店を見た。筆者にとってはこの時、B・ダルトンやウオルブックスの真髄を見た。再販国でないアメリカでは、本のバーゲンは普通であった。ベストセラーのハードカバーは三〇％オフ、ペーパーバックスは二〇％オフであった。これらの本が店頭に山積みされている風景には度肝を抜かれた。

ところがクラウンブックスはさらに安く売っていた。当時アメリカでも本の安売り王といわれていたが、結局は倒産した。西海岸で大活躍していたB・ダルトンやウォルデンブックスは、今はバーンズ&ノーブルやボーダーズにすべて買収されてしまった。アメリカのM&Aの日常性をみるばかりである。

ロスアンゼルスのSC内のB・ダルトンでやさしい風景を見た。車椅子で書店に入ってきた読者を見て、B・ダルトンの社員は読者に近づき卓上ベルを渡していた。「どうぞ必要な本があったら､その棚の前でベルを鳴らしてください。すぐにわれわれがとんできますから」。

身障者に先進国のアメリカだと思った。健常者にはわからない、棚の高さの感覚である。総体的にアメリカの書店の棚は低く、そのため店内全体が見渡せる。車椅子の人には圧迫感がなく、ゆっくりと店内を回遊することができる。

アメリカ三週間の研修はかくして終わった。アメリカの小売業のスケールの大きさを感じることができた。一方で、顧客に親切な売場に多く出くわした。例えばＳＣで探し物の風をしていると、何かお探しですかと社員がアプローチしてくる。デパートで商品選択をしていると、そこに来た女子社員は必ず名刺をくれた。次回はどうぞ私を名指してくださいというアピールであった。お客様のことを忘れない売場、当たり前のことでありながら、できていない自分の店を反省したものであった。それ以後、海外に行くチャンスに恵まれ、その都度書店を訪問した。各国にはそれぞれ違った風土がある。そのことについては別項で触れることにする。

〈海外の書店のなぞなぞ〉

アメリカ、ヨーロッパ、アジアの書店と日本の書店を比較してみると、いくつかの相違点、特色をみることができる。これをなぞなぞ風にみてみると、次のようになる。

(1)アメリカの書店にあって、日本の書店にないもの
(2)ヨーロッパの書店にあって、日本の書店にないもの
(3)アジアの書店にあって、日本の書店にないもの
(4)日本の書店にしかないもの
その答えは次のとおりである。

アメリカについてはブックアクセサリーと児童書売場の充実である。

ブックアクセサリーを代表するものはしおりである。しおりはアクセサリーというより読書必需品である。この読書に関連する商品がレジ周辺で販売されている。ブックアクセサリーか回転スタンドでこれらの商品が販売されている。しおりをはじめ、革製ブックカバー、寝ながら本が読めるブックスタンド、ブック文鎮、読書用メガネ、ブックホルダー（一、二冊の本が入る鞄）、活字拡大鏡、ブックエンド、ページストッパー、とにかくその種類は豊富である。読書を楽しくしてくれる読書周辺器具がこんなにもあるものかと思った。

この他に学術的に価値のあるものとして蔵書票がある。ブックリブリスと呼ばれるもので、ヨーロッパ、アメリカでは愛書家の証である。日本では蔵書印として似たものがあるが、ブックリブリスは蔵書に貼り付ける芸術的な紙票である。個人が芸術家、版画家に依頼して自分専用の蔵書票をオーダーするのである。ブックリブリスの学会があるほど、ヨーロッパでは中世から盛んで、伝統的な愛書家の嗜好品である。これなど顧客満足商品といえる。必要な

人にとってはたまらない商品で、愛書家の交流会もある。

アメリカの書店で注目すべきは、児童書コーナーの充実である。売場が絨毯敷きであったり、舞台づくりになっていたり、滑り台や遊び道具が用意されている。まるで児童書コーナーがあたかもプレイランドの風でもある。しかしこの売場には読書環境がしっかりできていて、こどもの時から読書に親しませる意気込みがわかる。土日休日には読み聞かせが行われる。書店にはストーリーテラーがいる。こどもの好きなお姉さんは良き読書の指南役でもある。そのためのコーナー作りが出来ている。羨ましい環境である。

ヨーロッパの書店の特色を見てみよう。それは地図、ガイドブックの充実である。この商品ならば日本でも並んでいるが、その陳列量がけた違いである。どうしてこんなに多いのか、スペイン・バルセロナのシスレー書店で聞いてみた。答えは簡単であった。「ヨーロッパは地続きですよ」ということであった。ウィーンのゲロルド書店でも聞いてみた。

そこでは「ヨーロッパは攻防の歴史ですよ、だから常に避難する場所の研究が必要です」と言われた。さもありなんと思った。彼らにとっては地図は生活必需品なのである。

こうした背景のためか、ヨーロッパには優れた地図専門店がある。ナンバー1はウィーンのフライターク・ベルント書店である。一階、地階の店で約百坪である。市中心地コールマルクト通りにある。地図、地理書、旅行書の専門店である。世界有数の地図専門店である。一階入口から三分の一の売場には世界中の都市地図（東京と京都の地図あり）中ほどの三分

入した。

日本の本は20冊ほどあった。ドイツ語版日本のガイドブック150頁の本を1000円で購の一は自国の地図、奥の三分の一は世界各地の地理、ガイドブックが地域別に並んでいた。

地下売場は地球儀、観測機器、ウォールマップ、額マップ、地形図、海洋図、地質図、複製古地図、航空写真、ビデオ等が販売されていた。あとで分かったことだが、この店は世界有数の地図の出版社で、紀伊國屋書店にも並んでいた。

パリ・シャンゼリゼ通りにエスパース・イージー・エヌという国土地理院経営の地図店がある。お役所書店なので営業時間や休日が不規則である。しかし内容はフライターク・ベルントに負けない。

ベルギーブルージュのレイス・ブークハンデルも旅行書専門店である。女性社長で、写真集の多いことが特色である。

アジアの書店で特色的なことがある。ユネスコで実施する小学生の学力テストで、上位国の常連はシンガポール、香港、韓国である。その秘密が書店の特色であった。シンガポールでは大衆書局の問題集売場の平台にお母さんが密集している風景はすさまじい。

香港では三聯書店、中華書局の両店が参考書、問題集を意識的に販売している。

韓国ソウルでは教保文庫の参考書売場、小学生の問題集売場に力が入っていることがすぐにわかった。韓国の教育政策自身が書店ににじみ出ていると言っても過言ではない。

永豊文庫の学参売場にも多くの人が集まっていた。

なぞなぞの最後は日本にしかない商品である。それは雑誌である。海外の書店では雑誌は一切販売されていない。書籍専門店が書店である。雑誌はスーパー、ドラッグストア、雑誌スタンドで販売され、読者は自分でそこまで足を運ぶのである。ハンガリー・ブダペストでは市営の雑誌スタンド・ヒルラップが街の道路上に散在していた。約2坪の店で、雑誌は200種類位が陳列されていた。

スウェーデン・ストックホルムではインタープレス雑誌・新聞専門店が市の中心地、セルゲル広場前にあった。約40坪の大きな店であった。新聞は世界各紙105紙あった。

日本の新聞は日本経済新聞であった。

日本では大正ジャーナリズムに雑誌が反応し、講談社、主婦の友社などが読者を集めた。講談社の『キング』などはその代表誌であった。この勢いは戦前、戦中、戦後と継続された。まさに日本は雑誌王国であった。しかし今は電子で読む時代になり、その凋落は哀れな状態である。

〈海外の書店にみる顧客満足〉

海外の書店を訪問してみると、おやっと思う親切、CSにぶつかることがある。いくつかの実例を紹介してみよう。

ポルトガル・リスボンのアモレイラスSCの中にあるブルホサ書店は一階80坪、二階20坪の店である。二階売場はこどもの本の売場である。階段の昇り始めの段と最後の段が黄色に塗られていた。昇降に注意をうながす配慮である。幼児や老人を気遣う気持ちが店内各所にあった。児童書売場の什器はすべて木製で、金属は一切使っていない。付き添いに来た老人、親が休む椅子も用意されていた。兄弟で経営している書店であるが、きめ細かい商売をしていると感じた。

ロンドンのウォーターストーンズ・ピカデリー店（地下一階～地上五階の六層）はロンドンでも三本の指に入る超大型店である。この店の地階にあるカスタマーサービスはピカイチである。そこではクロークサービス、手荷物預かり、本の注文、掛け売り、払い戻しサービス等をしてくれる。このフロアーにはカフェ、レストラン、新聞閲覧所の施設もある。お客様の憩いの場所となっている。店のファンが集まる場所なのである。三階にはお母さんとこどものための休憩室とジュースバーがある。若いお母さんが赤ちゃん連れで店に来ても安心していられる書店風景である。エレベーターは三基あったが、そのうち一基には車椅子、ベビーカー優先の表示があった。五階のインターネットステーションにはパソコンが30台あり、無料であった。学生、サラリーマンが多く利用していた。ウォーターストーンズは創業1849年で、ロンドン市内に19店舗を擁する。ピカデリー店は旗艦店といってよい店で、顧客満足を意識した見本のような書店だと感じた。

フランクフルトのヒューゲンデューベル書店は各階のエスカレータを降りた所に、真っ赤な大きなソファが用意され、高齢者が多く利用していた。この店は地階〜三階が吹き抜けになった店なので、天井からの自然採光が店いっぱいに取り入れられていた。気持ち良い店である。地階にはコーヒースタンドがあり、客席は40席と多い。店の中央をエスカレーターが走っているので、まるで空中散歩をしている気分である。書店の売場環境としては一風変わっていて楽しい。ゆったりした余裕派のレイアウトは心を豊かにさせてくれる。こうした環境は顧客満足を売場の方から教えてくれる気がした。

パリのカルチェラタンは専門書店の集合地域といっても過言ではない。専門書をただ陳列しているだけではない。従業員のアプローチ、カタログの用意、書誌検索等至れり尽くせりである。建築書ではモニトール書店である。ちなみに、日本人著者の「ジャパン・モダーン」（英文）を探してもらったら、在庫五冊、すでに一〇冊が販売されていた。

カンプール書店はスポーツ書の専門店である。親会社はスポーツ用品専門店で、カルチェラタンの街の一角ワンブロックにスポーツ用品店を商品別に散在させている。本もその一商品群である。この形式の商法を日本では見たことがない。ゴーグル、ソックス、スキー、帽子、手袋、ウェア、ダイビング用品、サッカー、登山用品などが、独立した店舗で販売されていた。書店もその一部で、特に圧巻は山岳書、山岳地図の充実ぶりである。キリマンジャロ、もマッキンリーも富士山もあった。

アルボム書店は大人のマンガ専門店である。1981年創業で、女性社長が店頭で頑張っている。コミックグッズが豊富なので、店内にいるのが楽しい。そしていま人気のある商品を社長が説明してくれた。

この他にコンパーニュ書店（人文書専門店）、ガリニャーニ書店（美術、絵画、画集専門店）、大学出版協会書店、ミュージック専門店、バレー専門店等、専門家を喜ばせる書店がカルチェラタンには多くみられた。

第七章

行きたくなる書店

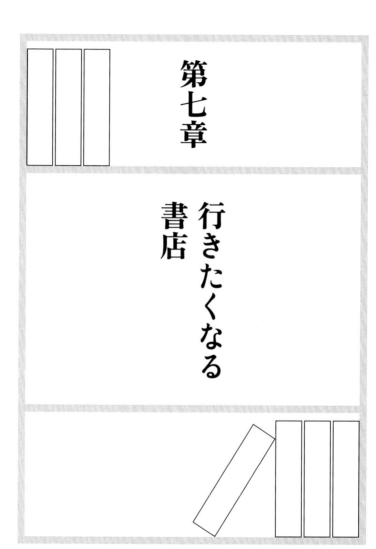

〈お客様と従業員〉

先に紹介した『書店手帳』〈日本出版販売編集・発行〉には「お客様にきらわれる従業員10カ条」がある。これによると、以下のとおりである。

①無愛想
②不潔な感じがする
③仕事に熱意がない
④知ったかぶりをする
⑤従業員同士でおしゃべりする
⑥お客様によって差別をする
⑦商品知識を得ようとしない
⑧他店の悪口を言う
⑨お客様の苦情を素直に聞かない
⑩お客様の陰口をきく

これらのことは書店に限らず、商店全般、サービス業に従事する者にとってあってはならないことばかりである。ちょうど以下のような、反対のことをするように心掛ければお客様に好かれる従業員になれる。

①にこにこ愛想よくする
②清潔に心掛ける
③一生懸命に仕事に打ち込む
④知識をむやみに面に出さない
⑤勤務中は静かに仕事をする
⑥お客様を平等に、また大切に応対する
⑦商品の勉強を欠かさない
⑧他店、競合店の存在を認め、学ぶところは学ぶ
⑨お客様の苦情は店に対するアドバイスだと思ってよく聞く
⑩お客様のことをほめる

上記のことは商人として当然すぎるほどのことである。しかし、それが守れないのは顧客意識が低いからに他ならない。給料は会社、社長がくださるのでなく、お客様がくださっていることを忘れている。店の売上げが悪くなるとお客様の大切さがわかってくるが、それでは遅い。普段から顧客を大切にする姿勢ができていないと、その店は衰退する。この姿勢が

店の信用を形づくる。社長、店長だけでなく、店全体に顧客歓迎の態度がないと、顧客は不満を覚える。一人の人間の不遜が、店の信用をこわしてしまう。十分に注意したいものである。

〈行きたくなる書店の要件〉

①明朗度

あの店は感じが良いといわれる書店は繁盛店の要件の一部を備えているといえる。

マクドナルドでは人の笑顔は四時間が限度として、それ以上はレジに立たせない。スマイルを大事にしていることがわかる。接客の良さは態度、言葉づかい、顔の表情によって決定されることが多い。感情的な動物である人間にとってつらい一面であるが、明朗度をあげるためには、職場の人間関係がプラス発想、加点評価（人の良いところを引き出す方式）であったほうがよい。上司が部下の欠点ばかり指摘していたのでは、やる気は起きない。緊張感と親密感のバランスが店の雰囲気づくりに大きく影響してくる。なれあいは節度を欠く可能性が高い。感じ良さは明朗、快活、誠実によって代表される。

②新鮮度

書店で売られる商品は全国同一で、お客様にとってはどの書店で買っても同じである。

しかし、行きつけの店ができるのは、その店に付加価値を感じるからである。商品の新鮮度は固定読者をつくる重要な要素である。定期刊行物といえども鮮度が問われる。例えば話題の本、時事的特集は一か所に集めたほうが鮮度を感じて、読者に対して親切である。反対に別冊増刊で出版された雑誌が、話題が去っているのに陳列されているのは鮮度感覚に欠けているからである。

ビジネス書は鮮度を最も要求されるジャンルの一つである。トレンディ商品が多いか少ないかが客足の多寡を決定する。これは店の大小ではない。書店の品揃えの姿勢が読者の期待、ニーズを拡大して、その書店の商品力を増してゆく。これは商品アイテムの多さと提案力がその書店の魅力、特色となって読者を呼び込む。ベストセラーだけが話題の本ではない。書店でつくる話題書が大切である。

③迅速度

人間はわがままな動物であり、がまん、忍耐を苦手とするので、長く待たされたり、忘れられることを嫌う。常時、自分のほうに店員の顔が向いていることを望む。特に注文品の遅い対応はクレームの対象になりやすい。早い取り寄せは最大のサービスになり、その書店の特色となる。早いことは、お客様に対する忠誠であり、熱意の現れであって、いかにしたら早く到着するか研究する価値がある。そのうえ、届いた注文品の中にタイムリーな新刊、パンフレット、企画商品、話題商品の案内があればいうことはない。

店頭の迅速度も大切である。スピーディーに仕事をすることは業務遂行には当然のことであるが、実際には守られていない。これは買う立場に立っていないからである。スーパーに行った時、短い列に並んでも早く精算されるとは限らない。キャッシャーの迅速度の個性が発揮されるからである。書店店頭ではレジやキャッシャー、サッカーを選ぶことは出来ない。担当者は意識的にスピードに気をつけるべきである。

④ 清潔度

繁盛している喫茶店はまちがいなくトイレがきれいである。つまり喫茶店の決め手はトイレと言っても過言ではない。デパートも同じである。女性客の多い店であれば当然意識しなければならない。

書店の清潔度は整理整頓と清掃によって保たれる。清潔度は習慣であって、汚いことに慣れてしまうと、乱雑さが苦痛にならない。その環境が風景化してしまうからである。

来店されたお客様には驚きと不快感を与えるだけである。店はお客様を迎える場所であって、客室、応接室といってもよい。売上げの上がらない時は、清掃を丹念にしなさいと先輩から言われたことがあるが、これは実感である。

読者が行きたくなる書店は、結局は心のつながりであり、読者の心をとらえた書店が固定客を一人つくったことになる。店長のファン、A棚のファン、注文担当のファン、など、書店にめざす人がいてほしい。多くのファンを抱えた書店が固定客の多い店で、繁盛店になる。

商いとは地味な仕事をこつこつ積み上げることであり、毎日がファンづくりなのである。

誠意を尽くすことがファンづくりの一方法であろう。

第八章

駆け足・出版ものがたり

〈明治に咲いた出版社—博文館〉

日本の近代出版は江戸末期に本木昌造が活字を創案し、そこから始まった活版印刷によって幕を開けたといってよい。

学制発布、鉄道・郵政事業の開始、明治憲法制定、帝国議会開会等、国家事業は近代国家をめざしてスタートした。出版事業も活版印刷によって明治七年に『明六雑誌』が初めて出版された。明治時代発刊の雑誌が現在三誌残っている。それは『中央公論』（二〇年創刊）、『東洋経済新報』（二八年）、『婦人之友』（三六年）である。出版社では明治以前誕生は法藏館、吉川弘文館、わんや書店がある。明治に入って二年丸善、八年金原出版、十年有斐閣と続くが、明治期をリードした版元は出版史上では博文館である。

博文館は明治二〇年に集録雑誌『日本大家論集』を発刊して大成功を収めた。現在の博文館の日記の歴史は長く、明治二八年『懐中日記』、二九年『当用日記』を刊行し、昭和一二年には三五種類を数えた。

博文館は新潟県長岡から上京した大橋佐平、新太郎父子によって始められた出版路線は大量生産、大量販売の出版方式で、有名雑誌には『文芸倶楽部』、『太陽』、『少年世界』がある。尾崎紅葉、小栗風葉等によってトップ文芸誌、総合誌を発刊し、少年たちにも多くの夢を与えた。

博文館の功績は出版業のみにとどまらず、出版業界全体を牽引し、近代化に導いたことである。すなわち明治二三年に小売書店としての東京堂を創業、二四年には取次業も始めた。東京出版販売（現・トーハン）創業時代の幹部に東京堂出身者が多かったのは、その流れをくむからである。二七年には内外通信社（広告代理店）、洋紙店日本堂を創業、二九年には博文館印刷所（共同印刷の前身）をつくり、三六年に大橋図書館を開館している。出版企画、小売販売、取次業経営、広告、印刷、紙問屋、図書館と出版関連中枢の一貫メーカーであったことは驚きである。コングロマリット博文館は明治の音羽・一ツ橋であった。

〈婦人雑誌の曙――『主婦の友』の誕生〉

婦人雑誌といってわかる人が少なくなった。それだけ出版の世界の移り変わりが激しい。それのみならず、婦人雑誌という言葉も最近はあまり使われなくなり、女性雑誌、家庭雑誌という呼び方が一般的になっている。婦人四誌を発行順に見てみよう。『主婦之友』（大正六年）、『婦人倶楽部』（大正九年、講談社）、『主婦と生活』（昭和二一年、主婦と生活社）、『婦人生活』（昭和二二年、同志社後婦人生活社）である。婦人四紙最盛期の新年号は各誌100万部を超した。主婦の友のピークは168万部であった。しかし家計簿付録合戦も今は昔の語り草となってしまった。この四誌でいま残っているのは『主婦の友』、『主婦と生活』だけである。

『主婦之友』は石川武美によって大正六年に創刊された（昭和二八年、『主婦の友』に）石川武美はそれまでの婦人誌とは一線を画し、実用性を重視した編集を試みた、敬虔なクスチャンである彼は当時の女性に対し、家事、家庭のなかに考えて生きる新しい提案をしたのである。すなわち育児、料理、医学、編物、社交を中心とした編集であった。大正、昭和を通し、『婦人倶楽部』と競い合って部数を伸ばした。実用的な付録をつけることは『主婦の友』が最も得意とするところであった。昭和九年新年号第一付録は512頁の『家庭作法宝典』であった。この他に一四の付録がつき、〝風呂敷をお持ちください〟と新聞広告をうった。

二代目石川数雄は医学博士であり、家庭医学路線が重視されたことはいうまでもない。

三代目石川晴彦は創業者生誕100年を記念し、昭和62年に「お茶の水スクエア」をつくった。また『ef』、『ミンクス』、『Ray』、『Como』の新雑誌を創刊した。四代目石川康彦社長は七七年目にして『主婦の友』を大刷新をし成功させた。読者層を10歳も引き下げる大英断を行い、生活情報誌としたのである。雑誌のリフレッシュが難しいなか、数少ない成功例である。

歴代社長は創業家でオーナーの石川家の出身者が務めてきたが、平成11年、生え抜きの村松邦彦氏が社長に就任した。新しい主婦の友社のスタートである。

主婦の友社は創業と同時に通販事業を開始している。三越とともに通販の先駆者である。家から出にくいお母さんの代理として、育児用品をメインに現在も通販路線は健在である。

創業者石川武美は戦後東京出版販売の社長も務めた。現・トーハンの石川賞にその名をとどめている。

〈昭和初期の出版―「円本」〉

昭和初期の出版は文庫と円本によって幕が開けられた。文庫は戦前、戦中、戦後、現在と続いている。つまり、昭和初期に芽吹いた文庫はいまも生きている。

円本は違う。流行語になったほど強烈であったが、いまはその影はない。当時の流行語にはモガ、モボ（モダンガール、モダンボーイ）文化〇〇（文化生活、文化鍋など「文化」を頭につける言葉）、円タクがあった。円本が一円均一タクシーを真似たものである。

円本の火付け役は改造社『現代日本文学全集』六三巻である。改造社は大正15年（1926年）11月に『現代日本文学全』の予約募集を発表した。菊判・上製、総ルビつき、平均五〇〇ページ、予約定価一円。「我社は出版界の大革命を断行し、特権階級の芸術を全民衆の前に解放」すると宣言、35万部という空前の予約を獲得、出版界の不況を打開する先駆けとなった。

改造社の成功に刺激され、新潮社が『世界文学全集』、春陽堂が『明治大正文学全集』、平凡社が『現代大衆文学全集』と廉価版の全集が次々と出版されて、円本時代を現出したのである。従来の単行本四～五冊分の分量を一冊に収め、超格安の全集を一円の予約申込書金をとって販売した方法は、大量出版、大量宣伝の体制をつくった。しかし昭和四年（１９２９

年）頃には下火となり、大量返品の結果となったのである。

大正一四年に講談社によって雑誌『キング』が創刊され、七七万部を販売した。そして昭和初期の円本ブームにより、雑誌・書籍のマスプロ・マスセールが出版社の経営に取り入れられるようになった。しかし、円本ブームの予約販売制度は、予約で読者をしばると反感を買ったことも事実である。そこで登場したのが岩波文庫（昭和二年）であった。さらに改造文庫（四年）、春陽堂文庫（六年）、新潮文庫（八年）と続いた。

〈太平洋戦争中の出版業界〉

太平洋戦争は昭和十六年十二月八日に始まった。この年の五月に四大取次（東京堂、東海堂、北隆館、大東館）をはじめ全国の取次業者を統合し、書籍、雑誌・その他の出版物の一元的配給機関として日配（日本出版配給株式会社）が設立された。社長は江草重忠であった。六月に大阪支社、名古屋支社が開業した。

この年、雑誌の統合改廃が行われた。経済誌121誌→33誌、映画誌25誌→9誌、写真誌11誌→4誌、保健誌33誌→12誌等であった。昭和十八年、谷崎潤一郎『細雪』は掲載禁止となる。外来語は敵性語として排撃され、オーム社は電気日本社、フレーベル館は日本保育館と改称、『キング』は『富士』と改題した。七月より書籍が買切制となり、十九年には雑誌の委託制も廃止された。

昭和十九年、治安維持法違反として中央公論社五名、改造社四名、日本評論社四名、岩波書店二名の編集者が神奈川県特高警察に一斉検挙された。横浜事件といわれるものである。雑誌の企業整備が進行し二〇一七誌が九九六誌と半分以下になった。出版社、書店は企業整備法により整理統合された。出版社は二〇〇〇社から三〇〇社になり、書店は一万五五〇〇店のうち六〇〇〇店近くが廃業した。

〈終戦直後の出版業界〉

昭和二〇年、天皇の詔勅によって終戦を迎えた。出版界は戦中の企業整備で出版社は約三〇〇社になっていた。九月一五日に『日米会話手帳』（四六半裁・三二頁・定価八〇銭・誠文堂新光社）が発売され、三六〇万部を売り上げた。小川菊松社長は、終戦後日本にはアメリカ人が進駐して英語が必要になることを感じ、出版したものである。このアイデアは終戦直後、房州岩井駅でひらめいたという。

戦中弾圧されていた左翼関係の出版物が戦後多く刊行された。マルクス・エンゲルスの『共産党宣言』、『資本論』等が刊行され、『赤旗』も復刊した。言論の自由が認められたことによって出版社が雨後の筍のごとくでき、昭和二三年には四五八一社と史上最高を記録している。しかし二八年には一五四一社と三分の二が消えている。戦後の混乱状態がわかる。

昭和二〇時代のトピックは、①昭和二四年東販他取次会社が発足し、今日の取次体制がスタートした。②二五年図書館法が実施され、近代図書館の基礎ができた。追っかけ二八年には学校図書館法が成立している。③二五年『チャタレイ夫人の恋人』が押収、発禁になった。猥褻か芸術かの議論の第一号であった。④二八年には独禁法が改正され出版物に再販制が適用された。⑤二〇年に角川書店が創業し、二五年に角川文庫を発刊、戦後第一次の文庫ブームをつくった。

戦後、日本は工業立国として三〇年代以降発展するが、出版業界も理工学書の出版を通して貢献している。それとともに二一年自然科学書協会設立、二三年工学書協会設立と、専門書版元の組織化が戦後すぐにできたことは見逃すことはできない。二〇年代に二つの図書館法が制定されたので、出版界も刺激を受けた。なかでも児童書出版社の対応が早かった。

日本児童図書出版協会は二八年に結成された。二〇年代に創業の児童書版元に、あかね書房、小峰書店、さ・え・ら書房、福音館書店、ポプラ社、理論社がある。

二〇年代創業の主な出版社は、秋田書店、雄鶏社、学習研究社、勁草書房、主婦と生活社、世界文化社、淡交社、中央経済社、東大出版会、双葉社、みすず書房、未来社、ミネルヴァ書房、早川書房等である。

〈週刊新潮が成功した・昭和三〇年代〉

昭和三〇年代は業界が飛躍した一〇年であった。日本全体が上昇を重ね復興が実った時代で、二つのエポックがあった。一つは皇太子さまと正田美智子さまとのご成婚。もう一つは三九年の東京オリンピック開催である。これらにともなうテレビの普及、新幹線・高速道路の完成、自動車の普及など、経済効果が大きかった。出版業界にも波及効果があったことは当然である。

出版業界の事件としては『週刊新潮』の創刊による週刊誌ブーム、各社による全集ブーム、カッパブックスの全盛、百科事典ブームなど、目まぐるしい三〇年代だった。

まず三一年創刊の『週刊新潮』は出版史に残る快挙であった。新聞ジャーナリズムに頼らなければ週刊誌の発行はできないというタブーが破られたのである。以後、続々と誕生した週刊誌は『女性自身』、『週刊現代』、『週刊少年マガジン』、『週刊少年サンデー』、『TVガイド』、『女性セブン』などがある。『週刊少年ジャンプ』はまだ登場していない。

音の出る雑誌『ソノラマ』が三〇年代半ばにフランスから入ってきて話題を呼んだが、音質が悪いために、二、三年で消えた。しかし、出版業界に音楽全集を出せるきっかけをつくった功績は残った。『徳川家康』（山岡荘八著）が売れに売れ、経営書ブームをつくった。

ビジネス棚はこの頃、市民権を得たのである。カッパブックスの全盛で、松本清張のカッパノベルス、入門シリーズのカッパビジネスも業界繁栄に貢献した。

三〇年代半ばに全集ブームがあった。後半は平凡社、小学館の百科事典がブームをつくった。一方、河出書房の倒産は業界にショックを与えた。

日本雑誌協会（雑協）、日本書籍出版協会（書協）が発足、出版四団体がそろった。日本図書普及もスタートした。課題図書も三〇年代に誕生したものである。石原慎太郎の『太陽の季節』で幕開けした昭和三〇年代は、明るく、また波乱の多い時代であった。


〈高度成長経済にのった出版業界・昭和四〇年代〉


昭和三〇年代後半の百科事典ブームが完結したあと、四〇年代前半は空前の全集ブームが起こり、セット販売が流行した。商品先渡し、代金後払いの制度がクレジット販売となり、日本の月販会社が一〇〇〇社近くになるほど盛んになった。しかし長続きせず多くの月販会社はつぶれ去った。

アメリカ、ヨーロッパのブッククラブが日本に登場する噂がたったのが昭和四〇年代前半であった。慌てた業界は、急遽日本ブッククラブを書協、取協、日書連の三者の共同出資で設立した。業界がこれほど結束したのは、後にも先にもこの例だけであるが、しかしこの苦労は取り越し苦労であった。販売風土が異なる日本ではブッククラブは必要なかったのである。

河出書房が経営危機に陥る。『カラー版文学全集』、『世界音楽全集』など、華々しい販売合戦を繰り広げたが、マスプロ、マスセールがたたった（現在では新社として復活をとげている）。三省堂も四〇年代末に経営危機。オイルショック後の定価の値上がりを、定価シールを貼って対応しようとしたことで、大学生協の抵抗にあい、返品増で危機に陥ったが再生計画が良く、早く回復した。

昭和四〇年代最大の出来事は「ブックスト」であった。史上に例をみない日書連指導による一二日間の特定版元商品の不買、不売運動であった。結局、書籍正味二％の引き下げで決着した。書店格差が広がり始め、また正味アップがほかの企業に参入の口実を与えたことは、皮肉なブックストであったといわざるをえない。

昭和三〇〜四〇年代は高度経済成長に出版業界も乗った一〇年間であった。しかし、オイルショックによって成長は終焉した。オイルショックは四〇年代に打たれたとどめの一撃であった。紙不足から雑誌の減ページ、紙質低下を生み、書籍は前年比30〜40％の定価アップとなった。このように昭和四〇年代の幕切れは青味の悪いものであった。

〈新再販制度にゆれた・昭和五〇年代〉

高度成長に終わりをつげ、業界は五〇年代に入ってから一桁成長になり、回復することはなかった。五〇年代の幕開けは返品増であった。返品率は40％以上になり注意信号が灯った。

戦後すでに30年を経過し、成長期から安定期に入った。したがって、流通、販売、情報、企画においても個性的な活動が顕著であった。

地方・小出版流通センターが五一年に発足した。地方出版物が買えないと、都下東村山図書館でいわれたことが発端となり、全国ネットで地方ならびに小出版社の本を取り扱う取次が誕生した。NHKがルポ放映するほど反響は大きかった。出版物を読者に結びつけようと、書協が『これから出る本』を発刊した。

販売面では角川書店が注目を集めた。映画界に進出した角川書店は、〝読んでから見るか、見てから読むか〟で出版物＋映画＋音楽の立体販売で成功した。

筑摩書房が倒産。硬派の版元として読者からの支援もみられた。倒産の原因は返品増、在庫過多、異常労務費であった。

五〇年代最大の事件は、新再販制度のスタートである。公取委の橋口収委員長の再販改正で揺れに揺れたが、結局、時限再販、部分再販を示した版元主導型で決着をみた。

業界の売上は昭和五四年に一兆円に達した。五六年に黒柳徹子の『窓ぎわのトットちゃん』が大人気となり、累計四三〇万部の日本新記録をつくった。返品が多い一方で、創刊誌ブームとなり、五六〜五八年の各年で188誌、181誌、257誌が発刊された。

各取次が本のクレジット販売を開始した。キャッシュレス時代に対応するものである。取次のOA化が進み、出版情報の検索や発注オンラインシステムが稼働し始めた。

光文社、ＰＨＰ、知的生き方、Ｘ文庫など、第四次文庫ブームを迎えた。昭和五〇年代は低空飛行安定期に入り、伸び率はゆるやかであった。取次主導型の兆しが見えた10年であった。

〈郊外型書店は書店革命を促した・昭和六〇年代・平成時代〉

昭和時代が64年で終わった。半世紀以上にわたる昭和であったが、戦前の言論・出版の抑制から、出版の自由は戦後の短期間に開花し、質量ともに年々向上している。販売額に関しては20年以上前年を下回らない業界として誇るべきものである。

この十年間の大きな出来事は四つある。第一は消費税の対応で業界が大混乱を起こしたこと。第二は郊外型書店、複合型書店が誕生し、発展、育成されたこと。第三は出版ＶＡＮ構想が本格化したこと。第四は公取委が業界の新再販制度対応に業を煮やし、独禁法適用除外に拍車がかかったことである。

スペインのサン・ジョルディの日を、日書連は本を贈る日として昭和六一年に採用した。だが、バレンタインデーのチョコレートの様に浸透したわけでない。

直近一〇年間の最大のできごとは、書店革命がおこったことである。郊外型書店の出現によって、書店の経営は根底から変わった。すなわちＰＯＳの導入によって、仕入、販売、在庫管理が一変したのである。これは複合化する書店が多くなったため、書店のコンピュータ導入が多くなったことが原因である。宅配便ルートが急増したのは、書店の客注対応を迅速化しようとしたものである。

消費税の対応で、業界が内税か外税かで大混乱を起こした。ちょうどその頃、新買切制志向、責任販売制のムードがあったが、消費税の騒動でかき消されたのは残念だった。業界内プリペイドカードの発行、出版VANによる統一的な情報システムが早く確立されることが望まれている。

再販撤廃の議論がわくなかで、戦後50年が過ぎ去って行く。そのしめくくりに大江健三郎がノーベル文学賞を受賞したことは、極めてさわやかなニュースであった。

〈アマゾンが上陸した・平成一〇年代〉

平成九年から七年続いた前年比割れの現象が平成十四に終止符を打った。その原因はミリオンセラーが八点も出版されたからである。文芸書では『世界の中心で、愛をさけぶ』(340万部)、『冬のソナタ』(120万部)、『いま、会いにゆきます』(100万部)、『蹴りたい背中』(130万部)、『Deep Love』(100万部)、『ハリーポッターと不死鳥の騎士団』(290万部)、ノンフィクションでは『グッドラック』(140万部)、『13歳のハローワーク』(110万部)、であった。

かねてから平成13年春に再販制存廃の結論を出すといっていた公取委が13年3月23日に、再販制度は当分の間存置する結論を公表した。この報告書で注目点はインターネットを利用した通信販売、電子書籍、オンデマンド出版、音楽配信等の電子取引についても再販制度は相対的に変化していくことを指摘している。インターネット販売による再販制の弾力的運用を示唆するものである。

丸善、紀伊國屋書店がネット書店を開始した。12年に図書館流通センターが『bk1』を、13年に世界最大のサイバー書店アマゾン・ドットコムが日本に上陸した。トーハンが『eHon』、日販が『本やタウン』を立ち上げた。セブンイレブンも『イー・ショッピング・ブックス』を誕生させた。まだ5年未満であるが、アマゾンが突出している。送料無料（１５００円以上）、速い、サイトの充実が原因である。

電子書籍の市場は10億円程度であるが、電子辞書は紙の辞書を凌駕した。

自費出版が盛んである。新刊総発行点数の５％近くになった。

小中高で行われている朝の読書の参加校が２万校を超えた。

平成15年に始まった書店員自身が選んだ〝本屋大賞〟も好評である。芥川・直木賞以上だとほめる人もいる。

〈平成二〇年代と令和の直近まで〉

この期間は東日本大震災とコロナ禍という大災害、災難があった。前者は書店の被害と同時に製紙会社の被害が想定外であった。後者はお客様が来ない、強制休業などで被害を受けた書店が多かった。紙の本が売れなくなったこととは反対に、特需として電子書籍が好調という皮肉な社会現象を見ることになった。出版業界としてはこの時期に二つの事件を経験している。一つは平成22年が電子書籍元年といわれたことである。業界では出版デジタル機構が23年に設立されている。アマゾンがKindolを、楽天がKoboを24年に発売している。27年には日本出版インフラセンター（ＪＰＯ）が創設されている。第二は取次壊滅の数年間であった。委託制販売という特別の販売環境では取次は業界の中枢であった。すでに大正八年には全国組織は完成していた。戦前、戦中、戦後を通じて取次主導で業界は発展してきたが、平成10年以降の不況、返品増、雑誌の電子化等で業界を支えていた、雑誌が急落、七大取次と言われた業界はトーハン、日販を残すのみとなった。当然専門取次、地方取次、洋販、地図共販、神田村も閉店、倒産など壊滅した。現在はその残った二取次ですら配送問題で大苦戦である。しかしこのことは10年前から決算書をみれば明白なことであった。

経費のほぼ半分が配送費にかかっていた。人件費を凌駕していたのである。帳合問題に終始し、手当が後手であった。日販がＣＶＳを放棄したことは、最後のつけであった。

業界内の再編では平成20年に丸善、ＴＲＣがＣＨＩを設立している。21年には大日本印刷が出版業界再編に力を入れている。丸善・ジュンク堂書店、図書館流通センターと業務提携している。平成後半の特筆点は取次の書店経営が急加速している。両取次の系列下を見てみよう。

日販……子会社　積文館書店、リブロ、ブックセンタークエスト、プラスメディアコーポレーション、あゆみＢＯＯＫＳ
……関連会社　ニューコ・ワン
……関連子会社　すばる、多田屋、いまじん白楊、万田商事（オリオン書房）、Ｂ・Ｓｔｏｒｙ（八文字屋の一部店舗）
……持分法適用会社　精文館書店、啓文堂エンタープライズ、文教堂グループホールディングス

トーハン……子会社　明屋書店、ブックファースト
……連結子会社　オークブックセンター、山下書店、あおい書店、わんだーランド、イケア文楽館、金龍堂、文真堂書店、アミーゴ、アバンティブックセンター、住吉書房
……非連結子会社　ラクダ書店、鎌倉文庫
……持分法適用関連会社　東京堂書店、三洋堂書店
……持分法非適用関連会社　八重洲ブックセンター、明文堂プランナー

（出所：日販・トーハン有価証券報告書）

第九章

積み残し

〈再販問題と当面存置について〉

１９８８年（昭和63年）、対日貿易赤字に悩んでいた米国は、通商法３０１条（貿易相手国の不公正な取引慣行に対して、当該国と協議することを義務付け、問題が解決しない場合の制裁について定めた条項）を強化する「包括通商・競争力強化法」を施行した。これは不公正な貿易慣行や輸入障壁がある、もしくはあると疑われる国を特定して、「優先交渉国」とし、米国通商代表部に交渉させて改善を要求し、三年以内に改善されない場合は報復として関税引き上げを実施するという内容であり、非常に強い力を持った条項である。

１９８９年９月から日米構造問題協議がはじまった。出版業界に影響する問題では、大規模小売店舗法の規制緩和が要求され、それと再販売制度が問題視された。

規制緩和として大店法が改正された。アメリカが出店し易くなった例としてトイザラスの上陸がある。日書連は１９９０年（平成２年）大店法改正に反対する決議をした。これまで大店法により大型出店を抑制してきた。78年には鹿島建設が地上８階、地下２階、１５０２坪の八重洲ブックセンターを計画、建設したが、日書連は反対し、７５０坪にさせた。それでも日本一の売場面積であった。

大店法の運用は大幅に緩和され、各地に大規模なＳＣが進出、出版業界でもこれ以降大型書店の出店ラッシュが始まった。モータリゼーションの進展により、ロードサイドに大規模小売店舗が林立し、書店もロードサイドに中大型店を展開した。地方都市の空洞化、中心商店街のシャッター街化のはじまりであった。

１９９４年公取委は「出版取次業の市場構造に関する実態調査」を実施した。

１９９６年公取委は「規制緩和に関する施策の検討状況の中間報告」を公表した。

１９９８年公取委は「著作物再販制度の取扱いについて」継続検討を必要とするとの見解を発表した。

２０００年に公取委が検討の内容を発表した。その時は再販維持の意見は98・８％、廃止の意見は１・２％であった。

２００１年公取委は「著作物再販制度の存続について〝当面、同制度を存続する〟」との見解を発表した。

その時のアメリカの反応は依然強硬であった。米国政府は１９９７年11月に「再販売価格維持」の見直しを要求している。つまり、「独禁法の下で、小売価格の維持が他の慣行と異なる扱いをされるべき理由は全くない」と主張している。


当面存置を発表した公取委の態度は次のようなものである。

公正取引委員会としては、今後とも著作物再販制度の廃止について国民的合意が得られるよう努力を傾注するとともに、当面存置される同制度が硬直的に運用されて消費者利益が害されることがないように著作物の取引実態の調査、検証につとめることとする。」と見解を発表している。98・8％の国民が再販維持を求めていることが判明しているにもかかわらず、公取委が今尚「競争政策の観点から著作物再販制度は廃止すべきである」とする見解に違和感をもたざるを得ない。今は、公取委の著作物の再販適用除外を廃止しようとする官僚の、官僚独特の豹変を恐れるばかりである。

〈神田駅前から始まった―ポイントカード問題〉

小売書店の顧客サービスは原則、自由競争である。

1998年（平成10年）の5月に全国チェーン書店の阪急ブックファーストが東京進出一号店として神田駅前に出店した。開業時から5％の金券を顧客に割り戻すポイントカードを配った。このため同店周辺の書店四店も同じ割引率のポイントカードを発行した。「神田駅ポイントカード戦争」が始まったのである。しかし、その後二店が廃業、更に二店も廃業した。ブックファーストも2008年に閉店し、結局神田駅前は無書店地区になってしまった。

ポイントカードサービスは2001年以降本格化する。2001年夏ヤマダ電機が5％のポイントカードサービスをはじめた。同店は当時全国に76店舗あり、うち37店舗で書籍・雑誌を取り扱っていた。2001年10月から啓文堂書店が1％のポイントカードサービスを行った。

すでにヨドバシカメラ、さくらや、ビックカメラ等の量販店では書籍・雑誌に3％のキャッシュバックを行っていた。渋谷パルコでは「パルコ発行カード」、池袋西武内のリブロでは「クラブオンメンバーズカード」２〜６％の段階つきのサービスが行われていた。ツタヤカードではＣＤ、本、ゲーム購入百円ごとに、一ポイントを還元、五百ポイントで五百円のクーポンと引き換えた。

この様にポイントサービスがアウトサイダー系書店によって行われ、周辺の一般書店の死活問題となった。ポイントサービスの再販契約に違反する取次店、小売書店の行為をやめさせることのできるのは、メーカーとしての出版社だけである。

日書連は出版社に対し、ポイントサービス実施書店に、再販契約の遵守を働き掛けるよう要請行動を行った。

日書連はポイントカードを現状のまま放置しては業界全体に混乱を招きかねないとして、２００１年9月には「書協、雑協の有力出版社20社を訪ね、ポイントカードに対する出版社の理解を求める」ことを理事会で決めた。

２００２年2月に小学館、講談社がポイントカードについての見解をそれぞれ発表した。

両社とも「「法定再販」が認められている出版物が「ポイントカード」を利用して値引き販売されることは誠に遺憾であり、再販契約が遵守されることを願っております」と要望だけに終わっていた。

ポイントカード実施店はサービスをやめることなく、更に拡大した。書泉では7月19日〜8月31日の「2004年サマーセール」で千円お買い上げごとに50円のサービス券を進呈していた。日書連は書泉グランデ、ブックマート、ブックタワーがある千代田支部、同西葛西店がある江東・江戸川支部の理事と下向磐副理事長、岡嶋成夫再販研委員長が同行、講談社、小学館を訪問、再販契約に基づく出版社の指導を求めた。

京王電鉄の子会社で京王書籍販売・啓文堂書店も2002年10月から1％のカードサービスを実施するところであった。

日書連では、膠着状態のため、実施店の地元書店から出版社に指導を求める文書を送る。第二段階として差し止め請求、損害賠償請求も辞さない強硬手段も検討した。

講談社、小学館の他大手出版社もポイントカードサービス反対の声明が相次いで発表された。主婦の友社、文藝春秋、筑摩書房、東洋経済新報社、集英社、工業調査会等である。

日書連の働きかけは取次店に波及した。トーハン、日販は取引先書店に「再販契約遵守のお願い」を送付した。この取次の呼びかけは画期的であった。

出版社は各種お願いの声明を出したが、警告、違約金の請求、期限付き取引停止等の具体的措置を取ろうとはしなかった。

日書連は2003年10月ヤマダ電機のポイントカード対応を巡って、主要出版社、取次の断乎たる決断を促し、年内決着を迫った。

公取委もこの間、ポイントサービスは「再販制度違反の値引きに類する行為」として状勢を見守っていた。２００４年1月取次店がポイント実施店に個別に中止を申し入れている。こうしたポイントサービス反対運動は書店、出版社、取次が一丸となり、あと一歩というところまで来た。

ところが公正取引委員会から２００４年4月に、取止め実施案が独禁法違反の注意を受けた。「事業者団体としての共同行為に当たる」と指摘したのである。この結果、取協はポイント中止要請を放棄してしまった。

直接の被害者は同業の書店である。２００２年10月、日書連は公取委の介入、並びに取次店の方針転換の中、尚大手出版社20社を訪問している。諦めないのである。

公取委は２００４年10月、ポイントサービス問題に関して、出版業界に対して行政指導の形で規制してきたのである。つまりポイントサービス阻止要求は独禁法違反だと脅しにかかったのである。廃業に追い込まれる書店こそ大迷惑ではないか。

〈アマゾン問題〉

アマゾンでは通常1回の注文金額が税込１５００円以上であれば、国内配送料は無料サービスを行っていた。２００６年10月には３５０円支払うことで、「お急ぎ便」を開始した。

更に新しく開始したアマゾン・プライムは年会費３９００円で、お急ぎ便を無制限に使用可とした。

さらに注文金額が１５００円に満たない場合でも、国内配送料（除沖縄）は無料とした。アマゾン・はプライム会員の送料無料、無制限の「お急ぎ便」で急速に売上を伸ばした。

２０００年に上陸したアマゾンが、２０１０年ごろから急速にネット書店として売上を伸ばし違法な大幅ポイントカードを利用して影響力を強めた結果である。

２０１０年11月から、全商品の通常配送制を完全無料にした。２０１１年の売上はアマゾン１９２０億円、ＤＮＰグループ（丸善、ＴＲＣ、文教堂等）１５６９億円、紀伊國屋書店１０９８億円、ツタヤ１０４７億円、ブックオフ７５７億円、（東洋経済新報資料による）であった。

２０１４年5月9日アマゾンが記者会見を行った。これはアマゾンがAmazon Studentポイントを学生に限定し、10％の高率値引き販売が行われたからである。アマゾンは２００７年2月からアマゾンポイントを開始している。購入額１０００円で1ポイントという１％のポイントで、1ポイント1円で、購入代金から使いたいポイント額を入力すれば、支払代金から差し引かれる値引きサービスである。

２０１２年8月30日から日本国内にある大学、大学院、短大の学生を対象に春・夏には期間限定の15％のポイント還元も始めた。

２０１２年10月31日には日本出版者協議会（出版協）の中止申込に対する回答は「個別の

契約内容に関して貴会にご回答する立場にはないので…」とゼロ回答であった。

アマゾンが高率ポイントを提供できるのは、日本の消費税や法人税を払っていないからという問題もある。アマゾンの本社は米国シアトルにある会社なので日本の消費税を納めないですむ。2014年4月から消費税が8%に値上げされ、さまざまな「サービス」の原資になっている。2018年には、日本の顧客が買物をした場合は、米国にあるアマゾン本社から直接購入したことになり、日米租税条約にもとづき、日本に納税する必要がないと判断し申告しなかったと言う。日米課税当局間の話し合いの結果、米国政府が押し切り、課税は取り消された。これに対し出荷停止等の強硬処置を取ろうとした出版協（緑風出版、水声社等）に対して、団体でやると共同行為になる、独禁法に抵触する恐れありと圧力をかけてきている。

アマゾンは利用者が拡大し、ネット書店から生活用品、生鮮食品まで取り扱う総合オンラインショップへと変貌し、拡大化されたのである。

すでにKADOKAWAとは2015年4月に直取引を開始している。15年秋から中小出版社を対象に「和書ストア売り伸ばしセミナー」「和書ストア販売促進セミナー」を開催し、出版社との交流、接近を図ってきている。

その具体的な提案・勧誘が「e託取引」という取次店を通さない直取引の大々的宣伝であった。その取引条件とは年会費9720円で仕入正味は60%、支払いは締め後60日払い「支払い保留」「歩戻し」「地域格差是正協力金等」「ジャンル別掛け率」などは無い従来の二大取次店の悪しき商慣習をすべて排除した、自由でオープンな取引条件で、アマゾンと商売をしませんかというメッセージなのである。

そして最後に口頭で、「キャンペーン期間中に取引に応じるなら、仕入正味65％でも良い」と絶叫、強く勧誘していた。

２０１６年1月25日、目黒雅叙園に販売契約協力出版社を集め、直取引出版社を今の2倍にしたいと、強気な発言をしている。自信があるのであろう。

アマゾンは２０１７年6月で、「バックオーダー中止」を約２０００社に通知した。本の調達に自信をもった表れである。各出版社との直取引の公式発表の前夜のことである。

アマゾンは日販在庫引当率の低下を根拠にして、e託販売サービスを考案したとみられる。

そして、もう一つアマゾンが得意とする強力手段があった。それはアマゾンがＥＤＩ（電子データ交換）取引をしている倉庫会社と連携して、e託販売サービスに誘導しようとしているところに特徴がある。トーハン、日販の集品倉庫を丸抱えしたことと同じになる。

ＥＤＩ連携倉庫会社に在庫を置いてe託を行えば、アマゾンで欠品となっても連携倉庫会社に発注され、倉庫会社の定期便ですぐに納品が行われるから、欠品率も低くなり、リードタイムも短縮されることになる。連携倉庫会社は大村紙業、河出興産、京葉流通倉庫、工藤出版サービスの四社である。これらの会社は当然、日販とも取引がある。

２０１８年2月2日アマゾンは目黒の本社で「２０１８年方針説明会」を行った。出版社

180社400人超が出席している。

説明によると、17年に直接取引をはじめた出版社は、同社売上げが年間1億円以上の出版社が55社あり、累計では141社になった。同年間1億円未満で年間100冊以上出荷している社では605社、累計2188社になったという。総計で2329社である。額面通りに受け取れば、年間売上1億円以上の出版社が86社から141社に一年間で64％増えたことになる。以上のことは日販バックオーダー中止言明が、アマゾン拡大化、直取引獲得の起爆剤となり、アマゾンが成功することに力を貸したことになった。

アマゾンの一人勝ちに対して業界も公取委も無策である。フランスではオンライン書店を守るため、議会で「無料配送を禁ずるアマゾン法」を成立させている。

ドイツでは紙媒体の書籍の再販制度を、電子書籍にも適用した。日本では電子書籍についての価格決定権は出版社にない。非再販商品であると公取委に決められてしまっている。

事程左様に、積み残しの多い昨今の出版業界である。

第十章

出版アラカルト

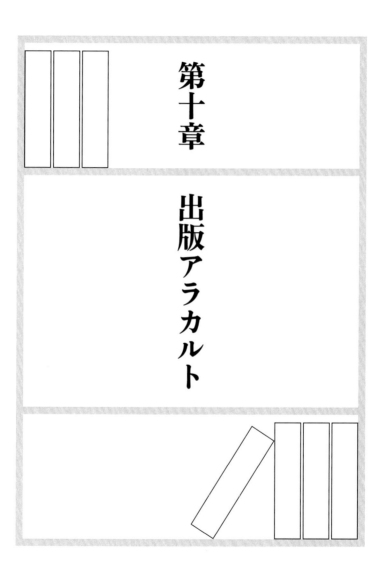

〈腰巻き文化〉

書籍の表紙には帯紙がついていることが多い。文庫の新刊にもついている。ムックについていることもあるが、やはり単行本が一番似合う。書籍の広告、PRの役目を果たすものであるから帯広告といってもよい。

『出版事典』によれば、昭和初期の左翼出版物が、店頭の宣伝効果を狙って帯をつけたものが最初といわれる。帯広告のスペースは天地4～8cmと極めて狭い。広告面は1背表紙、2表紙、3裏表紙、4表紙折返し、5裏表紙折返しである。最も効果的なスペースは2であり、表紙陳列の際には最高である。棚差し陳列では1であるが、いかんせん狭いスペースなのでコピーライターで、腰巻き文化が生まれた。雑誌『面白半分』では昭和48年から「日本腰巻文学大賞」を設定、第一回は山口瞳『酒呑みの自己弁護』（新潮社・コピー制作池田雅雄）が受賞した。この賞はいまはない。

現在では『ダ・ヴィンチ』の「腰巻き大賞」がある。毎月の新刊書から優れた腰巻きを選ぶという趣旨でコピーライター（中畑貴志）、アート・ディレクター（葛西薫）、編集長（長薗安浩）の三人が選考に当たっている。九九年一二月のダ・ヴィンチ賞は『上司と娼婦人を殺したぼくの場合』ジェイソン・スター著、大野晶子訳、ソニー・マガジンで、そのコピーは、「解雇通告、あなたなら殺す?」であった。

腰巻きが目立つように色紙を使ったり、はずれないように表紙に刷り込んでしまう腰巻きもある。「面白くなかったら、本の代金お返しします」と大見えを切った腰巻きもあった。腰巻きコピーが職業になるくらいであるから、推薦文は命がけとなる。本の売れ行きを左右する先兵であるので編集者は頭をいためる。有名人、人気作家、タレントに依頼し、アピール度を高めようとする。なお年月がたち、古書市場で本の価格評価がされる時、希少本、美本、外函の有無と同様、腰巻きの有無によって価格が上下するので、ゆめゆめ捨てないことである。店頭ではスリップのずり上がりと並んで腰巻きはずれ、破れ、ずり上がりは悩みである。しかし、販売貢献度が高いので手を抜くことはできない。

〈書名のはなし〉

出久根達郎さんのエッセイに書名について面白い話があった。「鳥ありますか？」とお客様に聞かれてギョットした。「鳥ですか？　私のところは本屋なものですから」と続けようとしたら、「それじゃカエルは？」「クモもないですか」「蜂もないでしょうね」いいかげんにしてください、と怒りださなくてよかった。氏の経営する古書店芳雅堂での話である。

書誌に詳しい彼は鳥も蛙も蜂も岩波文庫のアリストパネスの作品であることを承知なのである。クモは蜘蛛ではなく山村暮鳥の『雲』である。

長い書名についても触れている。岩波文庫の社会科学系に多い。『プロテスタンティズムの倫理と資本主義の精神』（マックス・ウェーバー）、『美と崇高との感情性に関する観察』（カント）、『純粋現象学及現象学的哲学考案』（フッセル）等、総目録にはごろごろある。

最近コンピュータ時代になって横文字の書名が多くなり、電話注文が難解になってきた。例えば、C++とかAdobe,HTMLタグ辞典といわれても困ってしまう。ファックス注文の時代である。

長い書名はビジネス書、実用書に多い。『転職するための履歴書、職務経歴書、添え状の上手な書き方』、『会社を根本から活性化させる史上最強の人材評価システム』などというものがある。これだけ長いと書名というより文章である。また、書名が体言止めから用言止めの傾向になったことも書名を長くした。反対に一文字の短い書名は、この年わずか五点と少ない。書、窓、実、眼、麗だけである。書名の長くなる原因は、一メインタイトルとサブタイトルの区別がつきにくいため、二主語の修飾語が多すぎるからである。

書名接頭語もいろいろある。「これだけで……」、「最近」、「最新」、「面白いほど……」、「知っておきたい」、「初心者のための」、「実況」、「すぐできる」、「すぐ使える」、「すぐに役立つ」、「図解」、「だれでも」、「手軽に」、「とにかく」、「もっと」、「やさしい」、「よくわかる」、「わかりやすい……」等。

〈著者のはなし〉

岩波現代文庫の新刊『役人学三則』が発刊された。著者は近代日本の代表的法学者の末広巌太郎である。著名人だが名前がむずかしい。「すえひろいずたろう」と読む。書店は毎日本を扱っていて、人名、書名、地名のむずかしさに泣かされている。

外国人の読み方も難しい。冒険小説『宝島』の作者は17人のスティーブンソンといわれている。スチーブンソン、スチブンソン、スティーブンソン、スティーヴンソン、スチーブンスン、スティーブンスン、スティーヴンスン等々ある。ゲーテも多い。ゲーテ、ゲョエーテ、ギョウーテとゲとギと分かれると著者索引、カタログ作成等で、一人の作品が分離してしまうので困ったことである。これ以外ではマーク・トウェイン、アガサクリスティも表記がさまざまである。

著者の名前が読みにくい時は奥付を見ればよい。岩波の本は必ずふりがなしてある。他社の出版物も奥付にふりがなかローマ字表記をしていることが多くなった。

作家はペンネームで書くことが多いが、本名を使うこともある。大佛次郎は本名・野尻清彦である。兄は星・天文学者で有名な野尻抱影である。太宰治は津島修治、江戸川乱歩は平井太郎である。

親子作家、二世作家も多い。特に女性作家が目立つ。冨家素子（円地文子）、津島祐子（太宰治）、田中りえ（田中小実昌）、檀ふみ（檀一雄）、吉本ばなな（吉本隆明）、江国香織（江国滋）等々まだまだいる。珍しい四代作家では幸田露伴―幸田文―青木玉―青木奈緒がいる。父と娘の親子関係が多い。母と娘では有吉玉青（有吉佐和子）、冨家素子（前出）、青木玉、青木奈緒（前出）と少ない。

父を語った娘作家は一世代前の作家であり、幸田文、森茉莉、萩原葉子、広津桃子、室生朝子らの父親は明治・大正を生きた作家であった。彼女たちの〝父を語る〟はデビュー作であり、名作であった。しかし現在活躍している文壇二世作家のデビューは父を語ったものではない。新世代の二世作家は父を語らずとも、自分の小説の力で堂々と文壇に認められた。

親子三代、二代作家

巖谷小波―巖谷大四―巖谷純介
広津柳浪―広津和郎―広津桃子
芥川龍之介―芥川比呂志―芥川也寸志
円地文子―冨家素子
佐藤紅緑―サトウハチロー、佐藤愛子
吉行エイスケ―吉行淳之介、吉行理恵
青島幸男―青島美幸

幸田露伴―幸田文―青木玉
森鷗外　―森茉莉―小堀杏奴
岡本一平・かの子―岡本太郎
斎藤茂吉―斎藤茂太、北杜夫
太宰治―太田治子、津島祐子
青野季吉―青野　總
阿川弘之―阿川佐和子

有吉佐和子―有吉玉青
井上光晴―井上荒野
大岡　信―大岡　玲
開高　健―開高道子
塩田丸男―塩田ミチル
田中小実昌―田中りえ
夏目漱石―夏目房之介
萩原朔太郎―萩原葉子
室生犀星―室生朝子
吉本隆明―吉本ばなな

飯田蛇笏―飯田龍太
梅棹忠夫―梅棹エリオ
大宅壮一―大宅映子
草野心平―（弟）草野天平
高見順　―高見恭子
谷川徹三―谷川俊太郎
新田次郎―（妻）藤原てい
福永武彦―池澤夏樹
水上勉　―窪島誠一郎

伊丹万作―伊丹十三
江国滋―江国香織
尾崎士郎―尾崎俵七
五味康祐―五味由ふ子
立原正秋―立原みき子
檀一雄　―檀ふみ
野坂昭如―野坂麻央
藤原審爾―藤原莉子
山口瞳　―山口正介

〈校正畏るべし〉

校正は出版にはつきものである。初校、再校、三校………と校正を重ねても逃げるのが校正ミスである。その最たるものが姦淫聖書であろう。モーゼの十戒の〝汝姦淫するなかれ〟とするところを、not が抜けたばっかりに〝汝姦淫せよ〟となってしまったのである。皇室関係の記事も慎重な校正が要求される。しかし、それでも校正の手から洩れるものがある。

天皇陛下のつもりが天皇階下になり責任問題となった例もある。自分では注意しているつもりでも、その注意を潜り抜け、人間とは不完全な動物であることを証明してしまう。

したがって、初版本は校正ミスの宝庫だという皮肉な現実がある。

古いところでは、大正末期に一世を風靡した藤森成吉の『狼へ！わが労働』である。評判が良く再版の段取りでミスが生じた。本来ならば大正十五年の日付けとなるべきところが「大正五十年九月十五日再版発行」と印刷されてしまった。出版業界に関する本は特にミスプリには気をつけてもらいたい。再販制度が再版制度であったり、出版倫理綱領が出版倫理網領、頒布が領布などはいただけない。読書週間が読売週間になるのは不注意である。

新書が親書になるのはワープロの変換ミスである。東大出版会が東大出版界では東大が泣く。昭和初期の円本ブームが冊本ブームでは意味が通じなくなる。『チャタレイ夫人の恋人』が『チャタレイ婦人の恋人』となったりすることもある。四六半裁判が四六判裁判となるミスは勉強不足である。

『理科年表』や数表、数式は誤植が許されない。データが命だからである。ところで活版印刷の時代が終わり、誤植という言葉も死語になっていくだろう。入力ミスによるものであるから、誤力というべきか？　誤植が死語になっても校正はなくならない。編集者に課せられた永遠のテーマである。書店は完成された本を無意識に販売しているが、その陰には多くの苦労がある。著作、編集、校正、印刷、製本、流通に感謝して本を販売したいものである。

〈文庫の歴史を考える〉

文庫は、昭和二年の円本ブームの最中に生まれた。ドイツのレクラム文庫に範をとって岩波文庫が発刊されたのである。岩波文庫発刊に際して『読書子に寄す』の名文が掲載された。三木清が起草したもので、〝真理は万人によって求められることを自ら欲し、芸術は万人によって愛されることを自ら望む〟……九四二文字の文章で、昭和二年七月の期日も記されている。現在発売中の岩波文庫の最終ページにいまも見ることができる。

昭和初期は円本ブームと同時に文庫誕生期でもあった。改造文庫（四年）、春陽堂文庫（六年）、新潮文庫（八年）と生まれ、戦前、戦中を経た。戦後、昭和二十五年七月に角川文庫は発刊された。文庫創刊のきっかけは角川源義創業社長が、古本屋で一冊のボロボロになった古本の扉に「目がつぶれるほど本が読みたい」と書き込まれた一文を見たからだった。劇的な発刊であったが、この昭和二五～二六年は戦後第一次文庫ブームで、この頃九〇余種の文庫が発刊された。教養文庫、市民文庫、アテネ文庫などである。

第二次文庫ブームは昭和四六～四八年で、講談社文庫は四六年、50点一挙に発刊し、華々しくスタートした。四七年中公文庫、四八年文春文庫が誕生した。従来、文庫のイメージは名著、古典、教養であったが、第二次ブームによってこのイメージは変わった。

第三次ブームは昭和五九～六〇年で、五九年光文社文庫、知的生き方文庫、ＰＨＰ文庫、ワニ文庫、講談社X文庫、集英社コバルト文庫等、六〇年ちくま文庫、福武文庫、祥伝社ノンポシェット、廣済堂文庫等、中堅出版社の企業防衛的出版が目立った。

第四次ブームは平成八〜九年で、角川ミニ文庫、幻冬舎文庫、小学館文庫、ハルキ文庫等がある。２００２年の文庫売上げは１２９３億円で、書籍売上げの13・６％に当たる。販売部数は10年連続前年割れである。文庫販売のピークは１９９２年（１４３５億円）であった。

〈新書の歴史〉

「新書」は昭和13年（１９３８年）11月、「岩波新書」の創刊によって初めて業界に登場した。創刊の辞は〝道義の精神に則らない日本の行動を深憂し、権勢に媚び偏狭に傾く風潮と他を排撃する驕慢な思想を戒め、批判的精神と良心的行動に拠る文化日本の躍進を求めての出発である〟と謳っている。

この当時、すでに戦争路線を突っ走っていた日本軍部に対する挑戦であり、時流に抗して岩波新書は創刊されたのである。創刊は18点20冊の同時発売であった。斎藤茂吉の『万葉秀歌上・下』、クリスティの『奉天三十年上・下』、中谷宇吉郎『雪』、長谷川千秋の『ベートーヴェン』、津田左右吉の『支那思想と日本』等である。

戦時下、一時休刊の止むなきに至ったが、戦後すぐ昭和二一年には羽仁五郎『明治維新』、矢内原忠雄『日本精神と平和国家』を刊行した。二二年、二三年は刊行はないが、二四年四月に七冊刊行し再出発した。山田吉彦『ファーブル紀』、清水幾太郎『ジャーナリズム』等。戦前、戦後すぐの岩波新書は現在でも市販され、手に取ることができる。

昭和二九年、光文社カッパブックスにより新書ブームが引き起こされた。松本清張の推理小説が引き金であった。カッパノベルス、ビジネス、ホームズ等、当時のベストセラーを牽引した。手軽さが人気を呼んだのである。その後、「中公新書」「講談社現代新書」「文庫クセジュ」「三一新書」「青春新書」等が生まれ、ノベルズ全盛時代、ハウツーもの全盛時代と変化し、今はカルチャー新書が注目されている。手軽さも最近では変化し、京極夏彦作品は800ページを超えている。

1995年以降カルチャー新書として丸善ライブラリ、筑摩新書、PHP新書が刊行された。98年「文春新書」が発刊された。新書分野はにわかに賑やかになった。99年に平凡社が「平凡新書」を発刊し、続いて集英社新書、光文社新書、NHK生活新書と目白押しであった。新潮社が「新潮新書」を発刊し、『バカの壁』（養老孟司）がミリオンセラーとなり、教養新書の潮流が渦巻いた。

読書の名言

・論語読みの論語知らず（日本俚諺）
・読書百遍意おのずから通ず。（日本俚諺）
・十遍読まんより一遍写せ。（日本俚諺）
・読書は体験を予想する。（阿部次郎）
・買ってからすぐに読まない。本は発酵させてから読む。（秋竜山）
・読書は快適な苦痛である・（荒垣秀雄）
・読むべき本は多し、されど人生は短し。（井上ひさし）
・新しき本を買い来て読む夜半のそのたのしさも長くわすれぬ。（石川啄木）

・凡そ書き読むに流覧十過は熟読一過に如かず。（伊藤東涯）
・読書とは、つまるところ、邂逅、出会いの問題に帰するだろう。（臼井吉見）
・本を読みおわった後、おもしろくてタメになるところを書きとめておく。（梅棹忠夫）
・本とつき合うとき、日記を同時につけるとなお良いと思う。（遠藤周作）
・本を読むときには、赤と青の色鉛筆を手にして読む。（大江健三郎）
・昼間は洋服で科学技術関係の本を読み、夜間は和服で小説や随筆の本を読む。（桶谷繁雄）
・本とは読むものではない、引くものである。（大宅壮一）
・名作とはどの時代にでも読まれる流行作品であり、現在読まれない限り、その作品はもはや名作ではない。（角川源義）
・知的散歩によって、古今東西の人間の知恵のゆれ幅の大きさを知るべきである。（加藤秀俊）
・乗り物に乗るときには寸言集や箴言集を持って乗る。（亀井勝一郎）
・通勤電車は〝動く書斎〟である。（紀田順一郎）

・万物皆吾に備わる、読書する時は此等の者其の固有の発育をとぐ。（国木田独歩）

・読書の究極目的は、知識を自己の生活に役立つ道具にすることである。（桑原武夫）

・本を読んで物を考えた人と、まったく読書しないものとは、明らかに顔が違う。ある人は読書家が精神を集中して細字を見ることが、その目に特殊の光を生ぜしめ、これが読書家の顔を造るといったが、あるいはそうかも知れない。しかしひとり眼光には限らない。偉大なる作家、思想家の大著を潜心熟読することは、人を別心たらしめる。それが人の顔にあらわれるのは当然であろう。（小泉信三）

・大昔を読むことによって、人は別人となる。極言すれば、その顔も変わるといえるかも知れない。（小泉信三）

・本を読んだら読み放しにしないで、その本について何か書いておくことが、読書の感興を大きくする。（小泉信三）

・揃った本は人を誘う。（幸田文）

・読書の第一義は、その書中に含まれた意味、思想、事実等をわが胸中に収めること。（幸田露伴）

・見ゼニを切らないと、本など読まない。（小島直記）

・努めて濫読さへすれば、濫読に何らの害もない。（小林秀雄）
・読書の最初の技術は、貪る様に読むことで養われる。（小林秀雄）
・読書とは、読む本を機縁として、自分なりに考えることである。（向坂逸郎）
・本などあまり意識してこれがいいとか悪いとかいうよりも、人生は厳しいのだから或る程度の悪いことも知るだけは知っていた方がいい。型通りの善良さが一番あぶなっかしい。（志賀直哉）
・青年は老人の書を閉じてまず青年の書を読むべきである。（島崎藤村）
・書物と細君だけは借りることのできないもの。（清水幾太郎）
・気になる本は、まず買うこと。（清水幾太郎）
・書物とは自分自身の経験を処理し、自分自身の問題を解決するための道具である。（清水幾太郎）
・乱読はいけない、系統的に読まなければいけない。（佐藤忠男）
・本を買うまえに、立ち読みのハシゴをする。（佐藤忠男）

・正しい出版文化を持つ社会においては、金をもうけようと思って書物の世界にやってくる者は極めて少なく、高い理想が多くの場合に人を書物の世界へいざなう決定的な要因でなくてはならぬ。（壽岳文章）

・文は人なり。（高山樗牛）

・たのしみは珍しきふみ人に借り、はじめ一ひらひろげたる時。（橘曙覧）

・本を読んでいて、感心したところや、ためになると思ったところには、それなりの印をつけるのがよい。（竹内均）

・まっている間に本を読む。（竹村健一）

・教科書的入門書を三冊買うこと。まえがき、あとがき、目次、奥付だけは必ずみること、参考文献、索引もしっかりみること。（立花隆）

・書物は、少し無理をして買うくらいにしないと、なかなか買えない。（田中美知太郎）

・読書の奥義は読書を休んで、自分ひとりの思いを深めたり、外界の美しさを味わったりするところに見出されるとも言われよう。（田中美知太郎）

・書物は道具であって、自分の都合のよいように、自由に利用すべきものである。（田中美知太郎）

・本の頁の端を折ったり、行首にチェックをつけたりアンダーラインを引いたりするのは、私は大嫌いだ。（塚本邦雄）

・ある天才物理学者がいた。山を歩いていてころんだ拍子に一握の草をつかんだら、その草が知られざる新種であった。読書の上手の人々も、どうもこれに類した不思議なことが、ありそうに思われる。のんきに書店の棚を見て歩くうちに、時々気まぐれに手をのばして、引っぱり出す書物が、偶然にもその人にとって、最も必要な本であるというようなことになるのではないか。（寺田寅彦）

・少なく読んで、多くを考える。（寺田寅彦）

・読書なるものは、文学とか、語学とかの技にあるのではなく、何か別の意気込みとでもいったようなものにある。（戸川秋骨）

・三種類の本を平行させて読むのを、長年習慣としてきた。朝はアカデミックな本、午後は小説と随筆、夜はＳＦ、人物論である。（戸板康二）

・御前少し手習いをやめて余暇をもって、読書に力を費し給えよ。（夏目漱石）

・一事を考え終らざれば他事に移らず、一書を読了せざれば他書をとらず。（西田幾多郎）
・本とは使うものだ。（西田幾多郎）
・他人の書を読まんよりは自ら顧みて深く考察するを第一歩とす。書は必ず多きをむさぼらず。（西田幾多郎）
・本を読むときには必ず青・赤の鉛筆をもて、そしてアンダーラインを本にできるだけきれいに引け。（新渡戸稲造）
・読了したときは何かなし満足感があった。（野呂邦暢）
・本への愛というのは……人間の真面目な知慧への愛と尊敬、文化への良心とつながったものである。（宮本百合子）
・ひもとかむ暇なき日のおほきかな、読むべき書はあまたあれども。（明治天皇）
・本は置き物ではなく、消耗品である。（松田道雄）
・たくさんの本を読もうと思うなら愛書家であってはならない。（松田道雄）
・長距離列車や新幹線のなかこそ書斎である。（真鍋博）

・他の場合においてと同様、読書にも勇気が必要である。ひとはまず始めなければならない。（三木清）
・読書の時間がないと言うのは読書しないための口実に過ぎない。（三木清）
・本の気に入った箇所にサイドラインを引く。（三島由紀夫）
・時間があると、書斎、茶の間、縁先の各所に眼鏡を置いて読んでいる。（水上勉）
・本は自分の足で発見するもの。（むのたけじ）
・本を買って後悔することは絶対にない。買いそこねて後悔することは絶対にある。（室俊司）
・本で部屋を飾りたて、〝精神の巣づくり〟をするために読書する。（森本哲郎）
・ひとり灯のもとに文をひろげて見ぬ世の人を友とするぞ、こよなくなぐさむわざなれ。（吉田兼好）
・本は機械ではない、用いるもの、道具である。（吉田健一）
・買いたいときが、読みたいとき。（渡辺茂）

・ラッシュ時の読書には、ポケットにしまえる文庫本や新書本がよい。（渡辺茂）
・未だ見ざるの書を読むは、良友を得るが如し。すでに見たる書を読むは、故人に逢うが如し。（顔之推）
・壁をうがちて書を読む。（匡衡）
・書は言を尽くさず、言は意を尽くさず。（周易）
・読書万巻を破る。（杜甫）
・蛍の光、窓の雪。（日記故事大全）
・悉く書を信ぜば書なきに如かず。（孟子）
・真の読書法とはなにか。答えはかんたんだ。気分がむけば読む。ただそれだけ。読んでいるものに興味がなければ読書はまったく時間の浪費である。（林語堂）
・読書は自己の頭によらず他人の頭をもって思索することなり。（ショーペンハウエル）
・悪しきものを読まぬことは良きものを読むための条件である。人生は長く、時と力には限界がある。（ショーペンハウエル）

・学者とは書物を読破した人、思想家、天才とは人類の蒙をひらき、その前進をうながす者で、世界という書物を直接読破した人のことである。（ショーペンハウエル）

・なるほど本を買うことはいいことだ。ただし、同時にそれを読むための時間を買えるならば。だが人は本を買ったことと、その本の内容を身につけたことをよく混同する。
（ショーペンハウエル）

・良い本を読むためには悪い本を読まないことだ。そのためには読まずにすます技術がきわめて必要だ。その技術とは、一時的に人気のある本に、我れおくれじとばかり手を出さないことだ。おろか者のために書く著者がつねに広い読者層をもつのだということを覚えておくがいい。（ショーペンハウエル）

・読み終えたことをいっさい忘れまいと思うのは、食べたいものをいっさい体内にとどめたいと願うようなものだ。（ショーペンハウエル）

・ある精神的作品、つまり著作をいちおう評価するためには、その著者が何について、何を考えたかを知るにはおよばない。そういうことになると、その人の全著作をことごとく読み通す必要がでてくるかも知れない。そういう大変な仕事にとりかからなくても、さしあたり、彼がどのように思索したかを知るだけで充分である。（ショーペンハウエル）

・書物は常にこれをひもとかない時は、木片にひとしい。（イギリス俚諺）

・書物は人間と同じ敵をもっている。火、湿気、虫、時間。そしてそれ自身の内容（ヴァレリー）

・本を軽べつしてはいけない。今までの世界全体が本によって支配されてきたのだから。（ヴォルテール）

・有益な書物とは読者に補足を要求せずにおかないような書物のことである。（ヴォルテール）

・いい本を読むとき、私は３０００年も生きられたと思う。（エマーソン）

・出てきてから一年とたたない本はけっして読まない。（エマーソン）

・有名な書物以外は読まぬこと。（エマーソン）

・愛好する書物以外は読まぬこと。（エマーソン）

・君は書物に負うところいささかも無し、されど未来において書物は君に限りなき光栄を与えん。（エラスムス）

・書物の中にすべての過去の心が宿る。今日の真の大学は書物のコレクションである。（カーライル）

・ある人々にとっては、書物は境界である。他の人々にとっては書物は梯子である。（グールモン）

・我々は、我々の批評することのできない書物からのみ学ぶ。（ゲーテ）

・本は間違いだらけであってこと楽しい。少しの矛盾撞着もない本など退屈で仕方あるまい。（ゴールドスミス）

・初めてすぐれた本を読んだ時は、恰も新しい友を得たように思われる。嘗て読んだ本を再び手にした時は、旧友に遭遇したかの感がある。（ゴールドスミス）

・精神の風土が粘土の上を吹いてこそ、はじめて人間はつくられる。（サン＝テクジュベリ）

・批評家とは読むことを知り、他人に読むことを教える人間にすぎない。（サント・ブーヴ）

・室に書籍なきは体に精神なきが如し。（シセロ）

・新刊書が非常に不都合なのは我々が古い書物を読むのを妨害するからである。（シュベール）

・本は、すべからく友のごとく数少なく精選すべし。（ジョイネリアナ）

・読みたいとの願いと好奇心とを真実に感ずる書を読め。（サミュエル・ジョンソン）

・炉辺で片手をかざしながら読める本こそ、最も有用な本だ。（ジョンスン）
・人生について知識のない本は、無用。（ジョンスン）
・辞書は時計のようなものだ。いい加減な辞書なら無い方がいいし、最もいい辞書でも完全に正しいと期待することはできない。（ジョンスン）
・書を読みて疑惑をいだき、また軽悔の念をいだく人は無双の知者なり。（スコット）
・出版事情ほど、興すのは簡単で、継続の難しい企業はない。（スタンリー・アンウィン）
・書物はそれ自身として誠に結構である。しかしそれはひどく血の気のない人生の代用物である。（スチブンソン）
・書物と友人は、少ないことと、良いことが条件。（スペインの諺）
・人の品格はその読む書物によって判断しうること恰もその交わる友によって判断しうる如し。（スマイルス）
・他人の著書によって自分を改良することに時間を用いよ。しからば他人が辛苦をつくしたものによって、たやすく改良を遂げるを得べし。（ソクラテス）

・まず一番いい本を読め。でないと全然それを読む機会がないかも知れないから。（ソーロー）

・良書は友達の中の最良の友である。現在も、そしてまた永久に変わるところがない。（タッパー）

・本を読みたいという熱心な読者と、読む本がほしいという退屈した読者との間には大変な違いがある。（チェスタートン）

・文明の記録は、人間の保存欲と発見欲、保存する必要と、発見する必要との、微妙な調和を示している。読書こそ、この両者を総合する鍵であり、文明をあらゆる性質の狂信から守り通す護衛である。（ロン・ティンクル）

・自分の著作について語るところの著者は、わが子についてしゃべる母親と同じように間違っている。（アイザック・ディズレリ）

・思索に技術（こつ）があるように、書くにも技術（こつ）がいるように、読書には一つの技術（こつ）がある。（アイザック・ディズレリ）

・古人の書物は読むべきである。（デカルト）

・すべて良き書物を読むことは、過去の最もすぐれた人々と会話をかわすようなものである。（デカルト）
・読書とは「世界という大きな書物」を読むことである。（デカルト）
・書物は孤独の友である。人は読書で自分自身に出会う。（デカルト）
・読書とは、きたるべき事態に備える予備学習である。（D・リースマン）
・古典とは、だれもが読んでおかなくてはと思い、そのくせ、だれもが読みたがらない、そういったものだ。（マーク・トウェーン）
・読書の習慣は、まざりもののない唯一つの楽しみである。その楽しみたるや、他のすべての楽しみが色あせた後までつづく楽しみである。（トロトープ）
・一切の書かれたもののうち、私はただ人がその血を以て書いたものだけを愛する。（ニイチェ）
・もしも書物が、人間と全く分離して、知識の死蔵所でしかなくなったとしたら「偉大なる書物は甚だ害悪である」といって先見の明に、我々はいさぎよく服するほかはなかろう。（ニューマン）

・一つの小説は書物としての人生だ。各々人生は一つの題辞、一つの序文、一つの序論、一つの本文、註などをもっている。（ノヴァリス）
・最も強く要求された本が、常に最高の価値の本とは限らない。（H・E・ハインズ）
・どうしても読めねばならぬと思って読む本はよき友にはならぬ。（W・P・ハウエルズ）
・以前に読んだ本をもう一度手にする場合、自分がなにを期待しようとしているかを、私はよく知っている。しかし満足は、予想されることによって減りはしない。（ハズリット）
・読書の技術とは、適当にうまくとばして読むことである。（ハマートン）
・書を読んで考えないのは食べて消化しないのとおなじ。（エドマンド・パーク）
・書物無くば、神も黙し正義は眠り、自然科学は停頓し、哲学はあしなえとなり、文学は語らず、ものみなキムメリオイ（註：太古常闇の中に生活していたといわれる種族）の闇に没せん。（トマス・パルトソン）
・一番ためになる本とは、一番考えさせる本である。（テオドル・パーカー）
・人は余りに早く読むか、余りにゆっくり読めば何事も理解しない。（パスカル）
・図書館は作られるものではない。生長するものだ。（ピレル）

・読書の娯しみの主要な敵は、自尊心、臆病、激情および批評心である。（エハール・ファゲ）

・ゆっくり読むことは、これはあらゆる読書に適用されるべき技術である。ゆっくり読んでいられない本があるかも知れぬ。しかし、それは読む必要のない書物だ。（エファール・ファゲ）

・書物は友人と同様、数多くあるべきであり、そしてよく選択されるべきである。（フラア）

・読書は精神的に充実した人をつくる。思索は深遠な人をつくる。論述は俊敏な人をつくる。（ベンジャミン・フランクリン）

・愛児を扱うのと同じ呼吸で書物を扱え。（プレイズ）

・本を買うことは単に本屋と著者を養うことに役立つばかりでなく、本の所有には全く独特な喜びと独特なモラルがある……貯えた零細な金の細心な投資から、最高のぜいたくに到るまで、（美しい蔵書には）多くの道と多くの喜びが開かれている。（ヘッセ）

・精神的なものにおいて現在だけの中に、生きることに耐えがたく無意味であると、歴史や古典にたえず関係をもつことが精神生活を可能にすることに気がついた。私は新刊書店から古本屋に移った。（ヘッセ）

・私は読書家を二種類に分けます。ひとつは何かを覚えるために読む人、ひとつは何かを忘れるために読む人。（ヘルプス）
・ある書物は味わわれべきであり、又ある書物は呑込まれるべきであり、ごく僅かの書物だけが咀嚼され消化されるべきである。（ベーコン）
・読書は充実した人間をつくり、会議は覚悟のできる人間を、書くことは正確な人間をつくる。（ベーコン）
・反対したり論議したりするため読書するな。さりとて、信じたりそのまま受けいれたり、話や議論のタネにするために読書するな。ただ思い、考えるために読書せよ。（ベーコン）
・書物はつねに生産し、自分の種をひとの心にまき、後に来る時代に限りなく行為や意見を宇奪い起す。（ベーコン）
・書物こそは「時」の大海原を乗り切るための船である。（ベーコン）
・ある種の本は、代理に読ませること。（ベーコン）
・何でもいいから本を書いたまえ。買って部屋に積んでおけば読書の雰囲気がつくりだされる。外面的のことだけがこれは大切なことだ。（ベネット）

・読書に使っただけの時間を、考えることについやせ。（ベネット）

・名声の確立した偉大な本は、少なくとも二度読み返さないうちは、読んだことにはならない。（ベネット）

・定評ある古典からはじめよ。現代作品は避けねばならぬ。なぜ避けねばならぬかといえば、君がまだ現代作品の中から選択しうるほどになっていないからだ。いや、何びとといえども、確信をもって現代作品から、選択することはできない。麦をフスマからふるい分けるのには極めて長い時間を要するからだ。（ベネット）

・古典の魅力と美しさは、たちどころにフラフラさせるような性質のものではなく、むしろしのび寄るものである。だから我々の態度は、はるかな物音を聞こうと耳をそばだてて、じっと聞き入る人の態度でなければならない。（ベネット）

・著者という職業は厚かまし屋の職業だ。（ポオマルシェ）

・本を非常に多く読む者は、その読書能力が幾何級数的に加わっていく。（エドガ・アラン・ポー）

・書物らは、書物ら自身の運命をもつ（テレンティアヌス・マウルス）

・わたしにとっては、自分の蔵書を抜きにした人生なんて全く考えることもできない。わたくしは、本の内容に対してというよりは、むしろ、本そのものに対して、より強い愛情をもっている。そんな人間の一人なのだ。わたしは、本の手ざわりが、匂いが、姿が好きなのだ。（スタンレー・マーカス）

・肉体は悲し。ああわれは万巻の書を読みぬ。（マラルメ）

・書は精読を尊び、多く貪るを貴ばず。（ミルトン）

・良書は君子の貴き生命にして、子々孫々のため、香料を施して秘蔵すべきなり。（ミルトン）

・最良の書籍は永久不滅なり。（ミルトン）

・とにかく、たのしんでお読みなさい。（モーム）

・読書の習慣を身につけることは、人生のほとんどすべての不幸からあなたを守る避難所ができることである。（モーム）

・読書の技術とは書物の中に改めて人生を発見し、書物のおかげで人生を一層よく理解する技術である。（モロア）

・読書ほど安価にして永続的な快挙はない。（モンターギュー夫人）

・わたしには著書を作る病癖があり、しかも著書を作った時にはこれを恥じる病癖がある。（モンテスキュー）

・読書を愛するということは、退屈な時間を歓喜の時間と交換することだ。（モンテスキュー）

・この私が愛するのは、ただ面白くやさしくて、私をくすぐる書物か、でなければ私が自分の生と死とを調節するにあたって、慰めとも力ともなるような……書物だけだ。（モンテーニュ）

・読書はとくに、さまざまな問題を提供してわたしの推理を喚起することにより、また記憶力を使うことなしにわたしの判断を働かすことによって、わたしに役立っている。（モンテーニュ）

・書物は常に我が行く処に随い、到る処わたしに侍する。老令孤独の中にあるわたしを慰める。物憂き無為の重荷を軽くしてくれるのみならず、わたしを煩わす処の人々を始終遠ざけてくれる。（モンテーニュ）

・人は、他人の書いたものの意味を、とかく自分が心の中にあらかじめ抱いている意見につごうのいいように解釈したがる。無神論者も、すべての作家を無神論者に帰納して快としている。（モンテーニュ）
・古い本が古典なのではない。第一級の本が古典なのだ。（モンテーニュ）
・人生は非常に短く、静かな時間は僅かしかないから、我々はつまらない書物を読むことにけっして浪費すべきでない。（ラスキン）
・人生は短い。この本を読めばあの本は読めないのである。（ラスキン）
・良書は人生の糧であり、わたしたちの理性と感情の糧である。（ラスキン）
・本を読むのは彼らに教えられない。彼らの思想に入りたいという欲求のためであって、君たちの考えを彼らのうちに見いだすためではないのだ。（ラスキン）
・書物は一回読めば、その役目が終わるものではない。再読され、愛読され、離しがたい愛着を覚えるようになるところに、尽きない価値がある。（ラスキン）
・読む価値がある本は、買う価値がある。（ラスキン）
・最も簡単な著作が常に最良の著作である。（ラ・フォンテーヌ）

・科学では最新の研究を読め。文学では最古のものを読め。古典文学はつねにモダンなのだ。（リットン）

・目的のない読書は散歩であって学習ではない。（ブルワー・リットン）

・考えないですますために本を読む人がなんと多いことか。（ルヒテンベルク）

・この書物を用いるはよし。されど虐使したもうな。蜜蜂は百合を汚さず、ただ味を捉えて去る。（リリアンタール）

・書物を濫用すれば学問は死ぬ。（ルソー）

・学力を増進するのは、多読乱読ではなくて、良書を精読することだ。（ルーテル）

・友を選ぶが如く、著者を選べ。（ロスコモン）

・読書は単に知識の材料を供給するのみ、それを自家のものとなすは思索の力なり。（ジョン・ロック）

・読書のほんとうの喜びは、なんどでもそれを読み返すことである。（D・H・ローレンス）

・多くの読者は、おのれの感情に与えるショックによって、本の力を判断する。（ロングフェロー）

・道徳的な書物とか不道徳な書物とかいうようなものはない。書物はよく書かれているか、悪く書かれているかである。（ワイルド）
・書物は一冊一冊が一つの世界である。（ワーズワース）
・ベストセラーとは、凡庸な才能を鍍金した墓場である。（U・スミス）

あとがき

本書は世界の書店紹介と同時に、書店人の心についても書きました。そして第九章として『積み残し』を付加致しました。この章につきましては、高須次郎著『出版の崩壊とアマゾン』（論創社）を参考に致しました。

第二章、わたしの履歴書で触れましたが、筆者は戦中派です。従って戦時中の出版物の流れを見てきました。国策会社である日配によって、出版物は一元的に全国に流通させられていました。

家業である書店として、指定された流通倉庫に自転車で本を取りに行ったことを、昨日のことの様に思い出します。戦時中は雑誌も書籍も買切制でしたから、返品はありません。極端な品薄時代でした。現在の出版物余剰時代とは隔世の感があります。出版物が豊富であっても、世の中のデジタル化によって、活字は敬遠されています。更に悪条件として少子化時代です。これは読書人口の減少ですから大問題です。

もう一つマイナス現象があります。書店の廃業の多さです。この現象は社会問題化され、無医村ならぬ無書店地域の拡大です。このことは遂に政府がとりあげるまでに発展しました。書店の減少は文化政策に影響ありとして、経済産業省が「街の書店を振興するためのプロジェクトチーム」を立ち上げることになりました。

戦後、出版界には政治家が不在です。戦前は貴族院、衆議院と議員の選出が、現在とは異なりますが、出版界から多くの人が政界で活躍していました。博文館、実業之日本社、平凡社、ダイヤモンド社、主婦と生活社等の社長、役員が代議士として発言しています。

戦後はその動きは全くありません。出版業界は政界に近づくことが肝要だと考えます。

先回選挙の際に、出版業界が提案した「消費税の軽減税率」は新聞は受け入れられましたが出版は叶わずでした。政界に対する圧の弱さを感じます。しかし今、国政が書店の減少に歯止めをかける書店振興策は、大いなるチャンスです。

出版市場は売れなくなったといえ、1兆1292億円の市場です。読書人口8000万人とすれば、一人当たり年間1万4115円の本を買っています。大事にしたい数字です。

第八章に『積み残し』を書きましたが、本来ならこの後に現実問題に触れるべきでしたが次の著作にまわすことと心に決めて、あとがきの締めと致します。

本と読者をつなぐ心

二〇二四年六月二〇日　第一刷発行

著　者　能勢 仁
発行者　齋藤 一郎
組　版　髙橋 文也
発行所　遊友出版 株式会社
〒一〇一―〇〇六一
東京都千代田区神田三崎町二―一二―七
ＴＥＬ　〇三―三二八八―一六九六
ＦＡＸ　〇三―三二八八―一六九七
振替　00100―4―54126
http://www.yuyu-books.jp/

印刷製本　株式会社 コーヤマ

落丁・乱丁の際はお取り換えいたします。小社までお送りください。

ISBN 978-4-946510-78-6

遊友出版